# 汽车电控发动机检测与维修

主　编　潘丽辉　黎　鹏
副主编　覃　勇　韦武彤　杨广柱
参　编　陈海军　陶荣希　林　松
唐星华　郭田中　廖　韦
罗柳林　冯　萍　雷　帅

北京理工大学出版社
BEIJING INSTITUTE OF TECHNOLOGY PRESS

## 内 容 简 介

本书以五菱荣光 1.2L 发动机和 1.5L 发动机为例，介绍发动机电控系统的基本结构、工作过程、检测方法，以及发动机电控系统常见故障诊断及排除的方法。本书的主要内容包括认识发动机电控系统、检测发动机控制单元的电源电路、检测空气供给系统、检测燃油供给系统、检测转速传感器、检测温度传感器、检测点火系统、检测排放系统、检测废气涡轮增压系统、检测可变气门正时系统、认识缸内直喷系统、认识电控共轨柴油机，共 12 个模块。

本书可作为高等院校汽车运用与维修专业的教材，还可供汽车维修人员、驾驶人员阅读参考。



**图书在版编目（CIP）数据**

汽车电控发动机检测与维修/潘丽辉，黎鹏主编. —北京：北京理工大学出版社，2017.10

ISBN 978-7-5682-4901-0

Ⅰ. ①汽… Ⅱ. ①潘…②黎… Ⅲ. ①汽车－电子控制－发动机－检测②汽车－电子控制－发动机－车辆修理 Ⅳ. ①U472.43

中国版本图书馆 CIP 数据核字（2017）第 240566 号

出版发行 / 北京理工大学出版社有限责任公司
社　　址 / 北京市海淀区中关村南大街 5 号
邮　　编 / 100081
电　　话 /（010）68914775（总编室）
（010）82562903（教材售后服务热线）
（010）68948351（其他图书服务热线）
网　　址 / http://www.bitpress.com.cn
经　　销 / 全国各地新华书店
印　　刷 / 三河市华骏印务包装有限公司
开　　本 / 787 毫米×1092 毫米 1/16
印　　张 / 8.5
字　　数 / 200 千字
版　　次 / 2017 年 10 月第 1 版 2017 年 10 月第 1 次印刷
定　　价 / 36.00 元

责任编辑 / 赵 岩
文案编辑 / 梁 潇
责任校对 / 周瑞红
责任印制 / 李志强

# 前言

Qianyan

本书以汽车机电维修工作岗位能力需求为依据，确定教学目标及课程内容，以能力为本位，以职业实践为主线。按汽车机电维修工作任务的流程设计学习过程，让学生在职业实践活动的基础上掌握相关的知识和技能，在模拟的工作环境中培养学生的职业能力。

本书编写的目的是使学生初步具有汽车电控发动机系统维护保养、拆装检测、故障分析的能力。本书结合汽车电控发动机维修保养的要求，依据机电维修岗位要求制订学习目标、知识目标；依据课程目标定位，从技能、知识方面对书中的内容进行规划与设计，使学习内容与生产实际一致。

本书建议学时为80学时，全书以五菱荣光1.2L发动机和1.5L发动机为例，介绍发动机电控系统的基本结构、工作过程、检测方法，以及发动机电控系统常见故障诊断及排除的方法。本书的主要内容包括认识发动机电控系统、检测电控单元电源电路、检测空气供给系统、检测燃油供给系统、检测转速传感器、检测温度传感器、检测点火系统、检测排放系统、检测废气涡轮增压系统、检测可变气门正时系统、缸内直喷系统、电控共轨柴油机共12个模块。

在编写本书的过程中，编者参考了大量的国内外技术资料，得到了许多同行的大力支持，在此谨向所有参考资料的作者及关心支持本书编写的同志们表示感谢。

由于时间仓促，加之编者水平有限，书中的不当之处在所难免，敬请读者批评指正。

编　者

Contents

# 目 录

# 目 录

Contents

Contents

# 目 录

# 模块 1　认识发动机电控系统

学习目标

1. 了解发动机电控系统的发展历程及优点；
2. 掌握电控发动机各电子控制系统的作用；
3. 掌握发动机电控系统的基本组成与工作过程；
4. 能够在实车上识别发动机电控系统的各个零部件。

## 1.1　发动机电控系统的发展与应用

### 知识目标

1. 了解发动机电控系统的发展历程及优点；
2. 掌握电控发动机各电子控制系统的作用。

### 理论知识

1. 汽车发动机电控系统的发展历程

汽车发动机电控系统始于 20 世纪 60 年代，其发展历程分为如下三个阶段：

1）电控发动机发展的初级阶段（20 世纪 60 年代中期到 70 年代中期）

1957 年，美国本迪克斯公司研制了汽车电子燃油喷射装置，开创了电控汽油喷射的先河。

1958 年，博世公司研制成功了向进气管内喷射汽油的机械控制汽油喷射式发动机，为现在电子燃油喷射系统的电子燃油控制奠定了坚实的基础。

1967 年，博世公司研制成功了 K-Jetornic 机械式汽油喷射系统。

1972 年，博世公司研制成功了 L-Jetornic 型电控汽油喷射系统。

1974 年，美国通用汽车公司开始运用集成电路式电子点火控制器。

2）电控发动机的数字发展阶段（20 世纪 70 年代末期到 90 年代中期）

1978 年，福特公司研制成功了 EEC-Ⅱ系统，1979 年该系统进一步完善，发展成为 EEC-Ⅲ系统。

1981 年，博世公司研制成功了 LH 型燃油喷射系统。

1982 年，博世公司研制成功了 KE-Jetronic 机电组合型汽油喷射系统。

1983 年，博世公司推出了单点低压中央喷射系统。

1984 年，丰田公司推出了速度密度型的 TCCS 汽油喷射装置。

3）精确控制电控发动机阶段（20 世纪 90 年代中期以后）

1990 年以后，美国通用汽车公司、福特公司和克莱斯勒公司生产的汽车，以及欧系车和日系车均采用电控汽油喷射方式供油。

### 2. 汽车发动机电控系统性能方面的优点

汽车发动机电控系统性能方面的优点如下：

（1）提高发动机的动力性。

（2）提高发动机的燃油经济性。

（3）改善发动机的加速性能和减速性能。

（4）改善发动机的起动性能。

（5）降低发动机污染物的排放量。

（6）使汽车发动机的故障发生率大大降低。

### 3. 电控发动机各控制系统的作用

1）电控燃油喷射系统

电控燃油喷射（Electronic Fuel Injection，EFI）系统的作用如下：根据进气量确定基本喷油量，再根据其他传感器（如冷却液温度传感器、节气门位置传感器等）信号等对喷油量进行修正，使发动机在各种运行工况下均能获得最佳浓度的混合气，从而提高发动机的动力性、经济性和排放性。

2）电控点火系统

电控点火系统（ESA）的作用如下：①根据各种传感器的信号，感知发动机工况，选择最理想的点火提前角点燃混合气，从而改善发动机的燃烧过程，以实现提高发动机动力性、经济性和排放性；②根据发动机转速和发动机负荷，电控点火系统适时控制点火正时以便发动机改进功率，净化废气，同时也可以有效防止爆燃。

3）怠速控制系统

怠速控制（Idle Speed Control，ISC）系统的作用如下：在发动机怠速工况下，根据发动机冷却液温度、空调压缩机是否工作、变速器是否挂入挡位等，通过怠速控制阀对发动机的进气量进行控制，使发动机随时以最佳怠速转速运转。

4）进气控制系统

进气控制系统的作用如下：根据发动机转速和负荷的变化，对发动机的进气进行控制，以提高发动机的充气效率，从而改善发动机的动力性。

5）排放控制系统

排放控制系统的作用如下：对发动机排放控制装置的工作实行电子控制。排放控制的项目主要包括废气再循环（Exhaust Gas Recirculation，EGR）控制、活性炭罐电磁阀控制、氧传感器和空燃比闭环控制、二次空气喷射控制等。

6）增压控制系统

增压控制系统的作用如下：对发动机进气增压装置的工作进行控制。在装有废气涡轮增压装置的汽车上，电子控制单元（Electronic Control Unit，ECU）根据检测到的进气管压力，对增加装置进行控制，从而控制增压装置对进气增压的强度。

7）巡航控制系统

巡航控制系统的作用如下：设定巡航控制模式后，ECU 根据汽车运行工况和运行环境信息，自动控制发动机工作，使汽车自动维持一定车速行驶。

8）警告提示系统

警告提示系统的作用如下：由 ECU 控制各种指示和报警装置，一旦控制系统出现故障，该系统能及时发出信号以进行警告提示。

9）自诊断与报警系统

自诊断与报警系统的作用如下：提示驾驶员发动机发生故障，同时该系统将故障信息以设定的数码（故障码）形式储存在存储器中，以便帮助维修人员确定故障类型和范围。

10）失效保护系统

失效保护系统的作用如下：当传感器或传感器线路发生故障时，控制系统自动按计算机中预先设定的参考信号值工作，以便发动机能继续运转。

11）应急备用系统

应急备用系统的作用如下：当控制系统计算机发生故障时，自动启用备用系统（备用集成电路），按设定的信号控制发动机转入强制运转状态，以防车辆停驶在路途中控制系统的故障。

## 1.2　发动机电控系统的基本组成与工作过程

### 知识目标

1. 理解发动机电控系统的基本组成与工作过程；
2. 能够在车上识别发动机电控系统的各个零部件。

### 理论知识

1. 发动机电控系统的基本组成

发动机电控系统主要由信号输入装置（各种传感器）、ECU 和执行元件三部分组成，如图 1-1 所示。

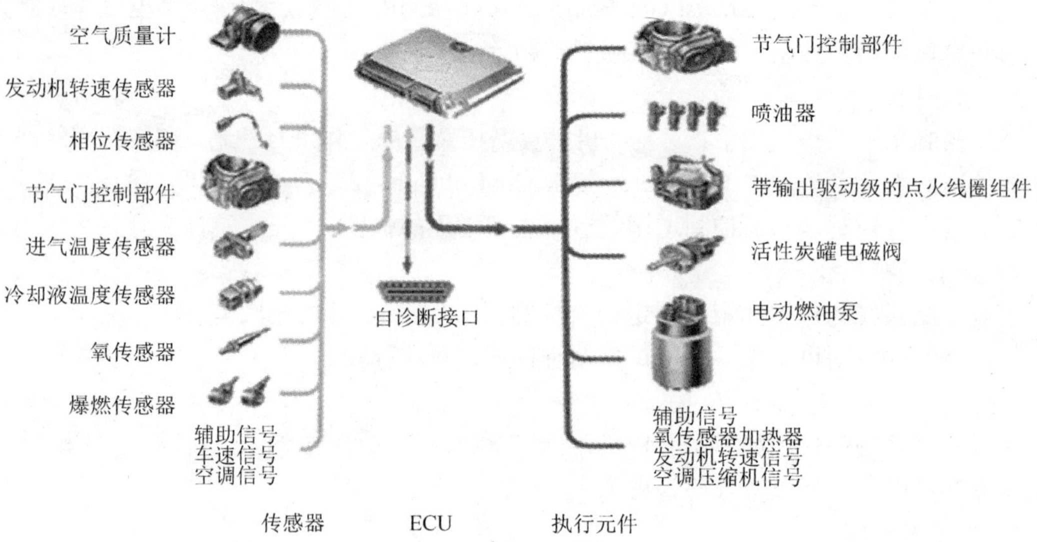


**图 1-1 发动机电控系统的基本组成**

1）传感器的作用及类型

传感器的作用是将汽车各部件运行的状态参数（各种非电量信号）转换成电量信号并输送到发动机 ECU，用以监测各部件运行情况和环境条件。

（1）空气流量计：测量发动机的进气量，并将信号输入 ECU。

（2）进气绝对压力传感器：测量进气管内气体的绝对压力，并将信号输入 ECU。

（3）节气门位置传感器：检测节气门的开度及开度变化，并将信号输入 ECU。

（4）凸轮轴位置传感器：提供曲轴转角基准位置信号。

（5）曲轴位置传感器：检测曲轴转角位移，给 ECU 提供发动机转速信号和曲轴转角信号。

（6）进气温度传感器：检测进气温度信号。

（7）冷却液温度传感器：给 ECU 提供冷却液温度信号。

（8）车速传感器：检测汽车的行驶速度，给 ECU 提供车速信号（SPD 信号）。

（9）氧传感器：检测排气中的氧含量。

（10）爆燃传感器：检测汽油机是否爆燃及爆燃强度。

（11）空调开关：当空调开关打开时，空调压缩机工作；当发动机负荷加大时，由空调开关向 ECU 输入信号。

（12）挡位开关：自动变速器由空挡挂入其他挡时，向 ECU 输入信号。

（13）起动开关：发动机起动时，给 ECU 提供一个起动信号。

（14）制动灯开关：制动时，向 ECU 提供制动信号。

（15）动力转向开关：当方向盘由中间位置向左右转动时，由于动力转向油泵工作而使发动机负荷加大，此时向 ECU 输入信号。

（16）巡航控制开关：当进入巡航控制状态时，向 ECU 输入巡航控制状态信号。

2）ECU 的作用

ECU 的作用如下：

（1）给传感器提供参考（基准）电压（2V、5V、9V、12V）。

（2）存储分析计算所用的程序、车型的特点参数、运算中的数据及故障信息。

（3）运算分析，即根据信息参数求出执行命令并输出给执行器。

（4）将输出的信息与标准值对比，查出故障并输出故障信息。

（5）自我修正（自适应功能）。

3）执行元件的作用与类型

执行元件是电子控制系统的执行机构，其接收 ECU 发来的各种指令，完成具体的执行动作。执行元件可被视为控制系统的“肌肉”。

执行元件的类型有喷油器、点火器、怠速控制阀、巡航控制电磁阀、节气门控制部件、EGR 控制阀、进气控制阀、二次空气喷射阀、活性炭罐电磁阀、油泵继电器、风扇继电器、空调压缩继电器、自诊断显示与报警装置、仪表显示器等。

2. 电控发动机的工作过程

电控发动机的 ECU 接收来自传感器的信号，完成对信息的处理工作，并发出相应的控制指令控制执行元件完成正确的动作；同时，ECU 不断监测各元件的工作状态，如果有故障信息，则立即通过自诊断系统对外输出。

## 技能训练

### 训练　2014 款五菱荣光 1.2L 电控发动机总体结构的认识

1. 实操准备

本训练需准备的设备和资料如表 1-1 所示。

表 1-1　本训练需准备的设备和资料

| 设备准备 | 资料准备 |
|---|---|
| 2014 款五菱荣光整车、五菱荣光电控发动机台架 | 2014 款五菱荣光维修手册 |

2. 认识 2014 款五菱荣光 1.2L 电控发动机的总体结构图

（1）教师对着五菱荣光 1.2L 电控发动机台架讲解电控发动机的总体结构图，由学生完成下列填空。

（2）找实物，强化对发动机电控系统的认识。

① 在五菱荣光实车上找出部分传感器、ECU、部分执行元件。

② 在五菱荣光发动机台架上拔插部分传感器、执行元件，起动发动机，让学生感受发动机的变化情况，从而更好地理解电控系统的基本组成与工作过程。

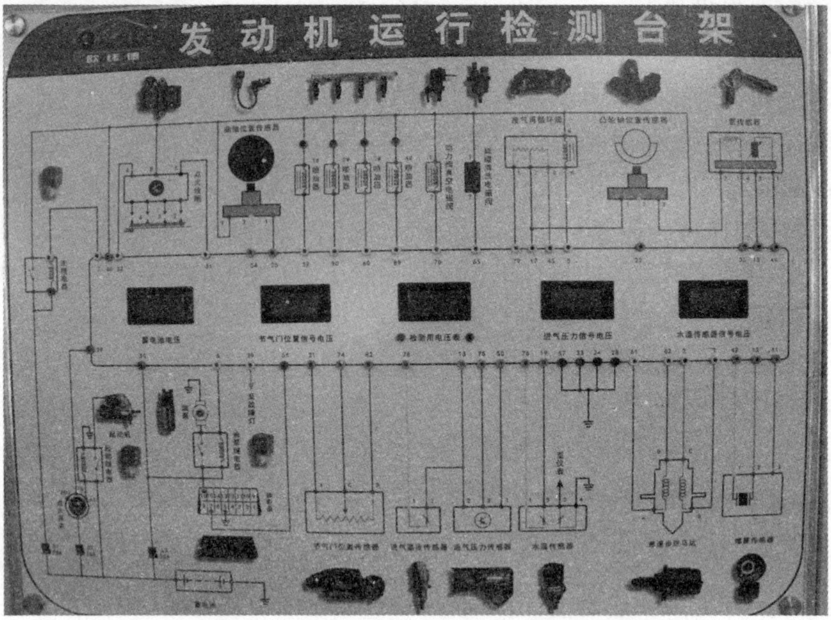


图 1-2　五菱荣光电控发动机的总体结构

指出上图 1-2 中各个部件的名称：1. ________　2. ________　3. ________　4. ________　5. ________　6. ________　7. ________　8. ________　9. ________　10. ________　11. ________　12. ________

## 考核评价

1. 学生互检

小组内，学生互相考核与讨论。要求：学生围在发动机台架周围，在发动机上找到各个传感器和执行元件，并说出传感器、执行元件的名称，共同讨论其作用。

2. 教师抽查

由教师抽查部分学生，考核的内容：①对着发动机台架的电路板，解释发动机电控系统的工作过程；②能在发动机上找出具体的传感器或执行元件；③说出传感器及执行元件的作用。其考核评价表如表 1-2 所示。

表 1-2　2014 款五菱荣光 1.2L 电控发动机总体结构的认识考核评价表

| 被考核人信息 | | 班级 | | 姓名 | | 学号 | |
|---|---|---|---|---|---|---|---|
| 序号 | 项目及配分 | 考核记录 | | | | | 教师评价 |
| 1 | 发动机电控系统的工作过程（25 分） | 由学生填写简要的工作过程（或口述） | | | | | |

续表

| 被考核人信息 | | 班级 | | 姓名 | | 学号 | |
|---|---|---|---|---|---|---|---|
| 序号 | 项目及配分 | 考核记录 | | | | | 教师评价 |
| 2 | 在发动机上找传感器、执行元件（30 分） | 在发动机上指出传感器或执行元件的名称（最少找到 5 个） | | | | | |
| 3 | 传感器或执行元件的作用（25 分） | 由学生填写所找传感器或执行元件的作用（或口述） | | | | | |
| 4 | 工作安全、职业素养、时间要求（20 分） | 由考核教师根据学生在整个过程中的表现评分，要进行必要的说明。 | | | | | |
| 总分 | 100 分 | | | | | | |
| 考核教师签名 | | | 日期 | | 用时： 分 | | |

## 课后练习

### 一、填空题

1. 电控燃油喷射系统用英文表示为________，怠速控制系统用英文表示为________。
2. 凸轮轴位置传感器提供________控制和________控制的主控制信号。
3. 电控燃油喷射系统主要根据________确定基本的喷油量。
4. 发动机电控系统由________、________、________三部分组成。
5. ________是采集并向 ECU 输送信息的装置。

### 二、判断题

1. 在电控燃油喷射系统中，喷油量控制是最基本也是最重要的控制内容。 （ ）
2. 电控系统中的信号输入装置是各种传感器。 （ ）
3. 曲轴位置传感器提供的信号只作为喷油正时控制的主控制信号。 （ ）
4. 空气流量计提供的信号作为燃油喷射和点火控制的主控制信号。 （ ）
5. 随着控制功能的增加，执行元件将会适当的减少。 （ ）

### 三、问答题

1. 电控发动机有何优点？
2. 传感器的作用是什么？
3. 电子控制单元的功能是什么？

# 模块 2　检测发动机控制单元的电源电路

学习目标

1. 能够根据电路图找出发动机控制单元的电源线与搭铁线；
2. 了解发动机控制单元电源线与搭铁线的作用；
3. 能够根据电路图在车上找到发动机控制单元的电源线与搭铁线；
4. 能够使用万用表正确检测电源线与搭铁线。

## 发动机控制单元电源电路的检测

### 理论知识

1. 发动机控制单元

发动机控制单元是发动机的管理核心，其接收各种输入信号后进行计算、分析、比较，按发动机的不同工作需要，精确输出各种控制指令，如喷油量控制指令、点火控制指令、怠速控制指令、排放控制等指令，同时其还具有失效保护、自诊断等功能。五菱荣光发动机控制单元（1.2L，SIEMENS）的外形如图 2-1 所示。为了使发动机控制单元正常工作，必须为控制单元提供电源电路及搭铁电路。

图 2-1　五菱荣光发动机控制单元的外形

2. 发动机控制单元的电源电路

一般来说，发动机控制单元的电源电路，都会有两根或两根以上的电源线。按电源线的作用不同电源电路可分为两类，一类是受点火开关控制的工作电源电路，只有打开点火开关后，其才向控制单元供电；另一类是由蓄电池直接给控制单元供电的电源电路，用于防止关掉点火开关时诊断代码和存储器中的其他数据丢失。图 2-2 为五菱荣光发动机控制单元电源电路和搭铁电路的原理图。发动机控制单元（图 2-2 中为 ECU）中的 B29 由点火开关控制，将点火开关置于 ON 位置时，B29 就有 12V 的电压，A66 为继电器提供的主电源，这两根线都为工作电源线，而 B30 线为常电源线，任何时候其电压都是 12V。

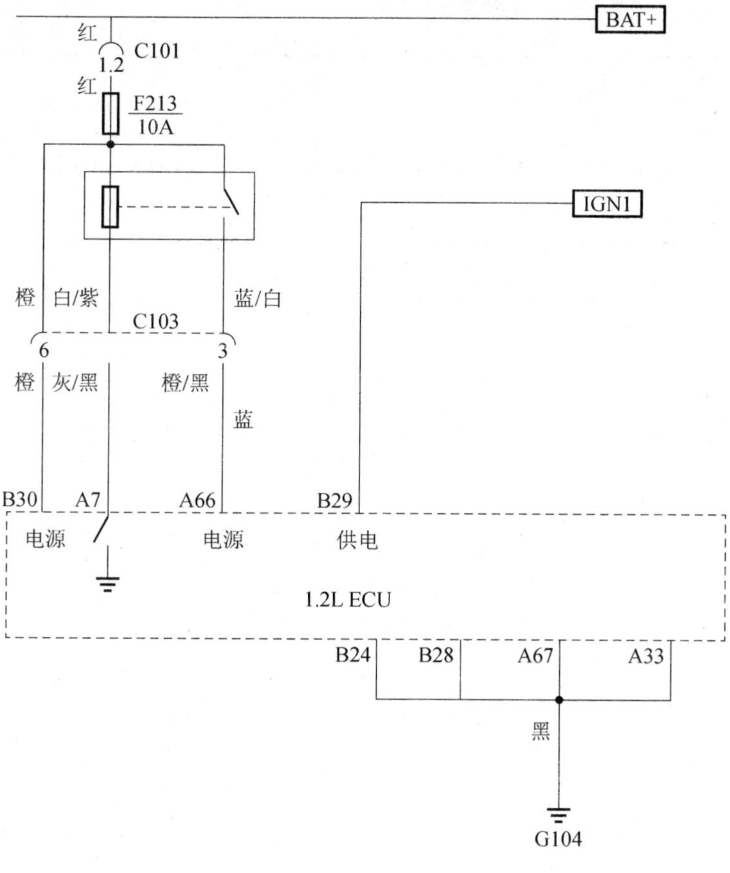


图 2-2　五菱荣光发动机控制单元电源电路及搭铁电路的原理图

3. 发动机控制单元的搭铁电路

为发动机控制单元提供电源电路后，还需要为其提供搭铁电路，这样才能在发动机控制单元中形成回路，使发动机控制单元正常工作。在发动机控制单元中最少有一根搭铁线，图 2-2 中 B24 线、B28 线、A67 线、A33 线为发动机控制单元的搭铁线。

## 技能训练

### 训练 发动机控制单元电源线及搭铁线的检测

1. 实操准备

本训练需准备的设备和资料如表 2-1 所示。

表 2-1 本训练需准备的设备和资料

| 设备准备 | 资料准备 |
| --- | --- |
| 五菱荣光汽车（1.2L）、万用表 | 五菱荣光汽车（1.2L）维修手册 |

2. 画电路图

查询所准备的维修手册，在框中画出五菱荣光发动机控制单元的电源电路及搭铁电路，并标明引脚。

| 电路图： |
| --- |
| |

3. 根据电路图完成填空

五菱荣光发动机控制单元的常电源线的引脚号是________，颜色是________，点火开关直接供电的电源线引脚号是________，颜色是________，由继电器向发动机控制单元供电的电源线引脚号是________，颜色是________，搭铁线的引脚号是________。

4. 找实物

在车上找到发动机控制单元的具体安装位置，看懂控制单元连接器的引脚排列顺序，找到三根电源线、三根搭铁线，观察其颜色是否与电路图上所标示的一致。

5. 电源线的检测

按照下面的步骤进行电源线的检测，并填表 2-2。

第一步：检查万用表是否正常，具体步骤为首先万用表的红、黑表笔插好，打开电源开关，将其挡位调到直流 20V；然后红、黑表笔分别接蓄电池的正、负极，观察万用表是否显示为 12V 左右，若否，则说明该万用表损坏，应更换新的万用表并对其进行检查。

第二步：关闭点火开关，将万用表的黑表笔接蓄电池负极，红表笔依次接发动机控制单元连接器上的线 A66、B29、B30，读出所测得的电压值，并填在表 2-2 中（因为线束上有绝缘层，所以万用表的表笔不能直接接触线束，可以借助大头针）。

第三步：打开点火开关，重复第二步。

**表 2-2　电源线的检测结果**

| 关闭点火开关 | | 打开点火开关 | |
|---|---|---|---|
| 接线号 | 实测电压值（V） | 实测电压值（V） | 结果判断 |
| A66 | | | 常电源：<br>工作电源： |
| B29 | | | |
| B30 | | | |

6. 搭铁线的检测

按照下面的步骤进行搭铁线的检测，并填表 2-3。

第一步：检查万用表是否正常，具体步骤为首先将万用表的红、黑表笔插好，打开电源开关，将万用表的电阻挡位调至最低；然后使两表笔互相接触，观察万用表是否显示为 0。若不为 0，则说明万用表损坏，应更换新的万用表并对其进行检查。

第二步：关闭点火开关，万用表的黑表笔接蓄电池负极，红表笔分别接发动机控制单元连接器上的线 B24、B28、A33、A67，读出所测得的电阻值，并填在表 2-2 上。测量结果必须小于 1Ω，否则说明搭铁不良。

**表 2-3　搭铁线的检测结果**

| 接线号 | 实测对地电阻 | 标准值 | 结果判断 |
|---|---|---|---|
| B24 | | | |
| B28 | | | |
| A33 | | | |
| A67 | | | |

## 考核评价

1．学生互检

小组内，学生互相考核与讨论，主要内容：①对着发动机台架的电路图，找到发动机控件单元的电源线与搭铁线；②根据电路图，在发动机的控制单元上找到对应的电源线与搭铁线。

2．教师抽查

由教师抽查部分学生，考核的内容：①检测发动机控制单元电源线的方法；②检测发动机控制单元搭铁线的方法。考核中要边检测边填写考核表（2-4）。考核的目的是检验学生是否能正确使用数字万用表，是否能正确理解测量电源线、搭铁线的方法。

**表 2-4　检测发动机控制单元的电源线及搭铁线考核评价表**

<table>
<tr><td colspan="2">被考核人信息</td><td>班级</td><td></td><td>姓名</td><td></td><td>学号</td><td></td></tr>
<tr><td>序号</td><td>项目及配分</td><td colspan="5">考核记录</td><td>教师评价</td></tr>
<tr><td>1</td><td>控制单元电源电路图（30 分）</td><td colspan="5">由学生对着发动机台架电路板画出控制单元电源电路，只需画 ECU、电源线、搭铁线</td><td></td></tr>
<tr><td>2</td><td>电源线的测量（30 分）</td><td colspan="5">学生应注意数字万用表的使用，分清楚常电源和工作电源在什么情况下有电压。<br>填写如下内容：<br>常电源是________号线，电压为________V<br>工作电源是________、________号线，电压为________V<br>工作电源有电的条件是________</td><td></td></tr>
<tr><td>3</td><td>搭铁线的测量（20 分）</td><td colspan="5">学生要注意万用表的使用，测量搭铁线对地电阻时，应选用电阻挡的最小挡位。<br>填写如下内容：<br>搭铁线是________、________线，对地电阻的阻值分别是________、________Ω</td><td></td></tr>
<tr><td>4</td><td>工作安全、规范操作、时间要求（20 分）</td><td colspan="5">由考核教师根据学生在整个过程中的表现评分，要进行必要的说明。</td><td></td></tr>
<tr><td>总分</td><td>100 分</td><td colspan="6"></td></tr>
<tr><td colspan="2">考核教师签名</td><td colspan="2"></td><td>日期</td><td></td><td colspan="2">用时：　　分</td></tr>
</table>

## 课后练习

### 一、填空题

1．发动机控制单元最少有________根电源线，其中有一根电源线直接与蓄电池正极相连，称为________电源。

2．测量电源线的电压常使用的检测设备是________，测量搭铁线是否搭铁良好，点火开关应________（填关闭或打开）。

## 二、判断题

1．发动机控制单元有多根电源线，其目的是一根电源线出现故障后，可以通过其他电源线给发动机控制单元供电，让其可以正常工作。（ ）

2．五菱荣光发动机控制单元电源线的电压值是蓄电池的电压值。（ ）

## 三、选择题

1．检测发动机控制单元的搭铁线时，如果选用欧姆挡，应选用（ ）量程。

A．200Ω　B．2000 Ω　C．10K Ω　D．选哪个挡位都一样

2．某同学在测量发动机控制单元的电源线电压时，发现万用表上显示的电压值为负，这说明（ ）。

A．万用表有故障　B．万用表两表笔接反

C．电压值是负值　D．以上说法都不对

## 四、问答题

1．某位同学在测量发动机控制单元的电源线电压时，测得的结果如表 2-5 所示。这一结果说明电源线存在故障，请分析发生故障的原因。

**表 2-5　电源线的检测结果**

| 关闭点火开关 | | 打开点火开关 | |
|---|---|---|---|
| 接线号 | 实测电压值（V） | 实测电压值（V） | 故障原因分析 |
| A66 | 0 | 0 | |
| B29 | 0 | 0 | |
| B30 | 12 | 12 | |

2．想一想有什么方法可以较快地说明发动机控制单元的电源电路或搭铁电路存在故障？

# 模块3 检测空气供给系统

## 学习目标

1. 了解进气系统的作用、组成，以及各主要部件的功能；
2. 通过拆装了解进气系统各主要零部件的安装位置、接线方式；
3. 通过检测各主要零部件了解其结构及工作原理；
4. 对整体维修工作进行归纳、总结。

## 3.1 空气供给系统的作用、组成和类型

### 知识目标

1. 了解空气供给系统的作用、组成，以及其工作过程；
2. 了解空气供给系统的类型。

### 理论知识

1. 空气供给系统的作用

燃油在发动机气缸内燃烧时需要一定数量的空气，空气供给系统的任务就是为发动机提供适量的空气，同时向ECU传递此信息，并根据ECU的指令完成输入空气量的调节。

2. 空气供给系统的组成

如图3-1所示，空气供给系统由空气滤清器、空气流量计或进气歧管压力传感器、节气门位置传感器、怠速控制装置、进气总管、进气歧管和增压控制装置等组成。

3. 空气供给系统的类型

按空气量的检测方式分类，空气供给系统可分为速度密度型（D 型）空气供给系统（图3-2）和质量流量型（L 型）空气供给系统（图3-3）。

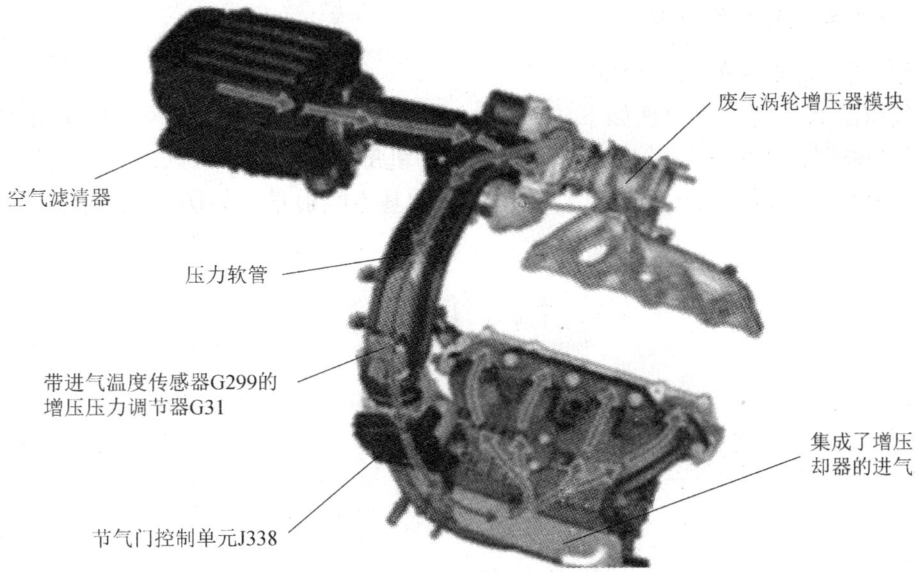


图 3-1　空气供给系的组成

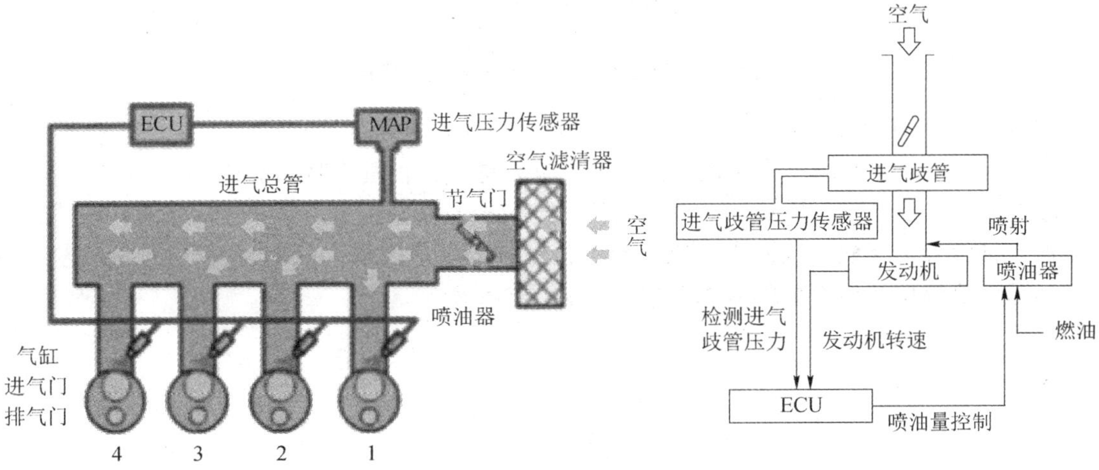


图 3-2　D 型空气供给系统

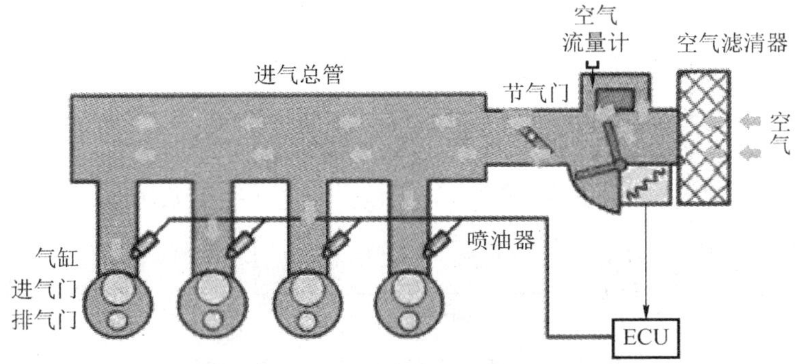


图 3-3　L 型空气供给系统

4. 空气供给系统的工作原理

1）D 型空气供给系统的工作原理

D 型空气供给系统的工作原理如下：首先进气歧管压力传感器测量进气歧管内的气体压力，然后 ECU 根据该压力和发动机转速计算出发动机每一工作循环吸入的空气质量，并根据空气质量和发动机工况所需的空燃比计算出汽油的基本喷射量，如图 3-4 所示。

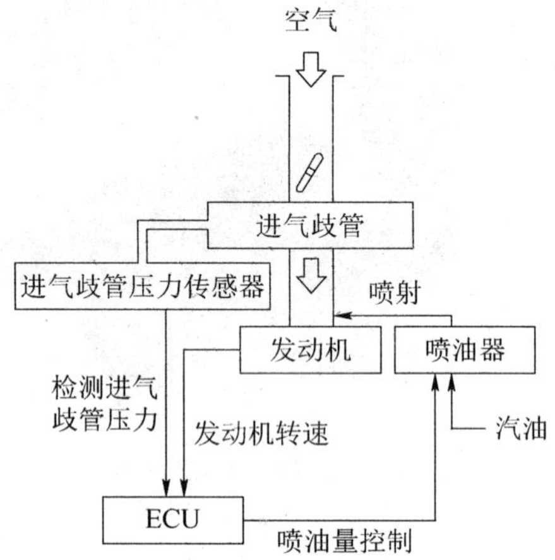


图 3-4　D 型空气供给系统的工作原理

2）L 型空气供给系统的工作原理

L 型空气供给系统的工作原理如下：在气缸内进气行程真空吸力的作用下，经空气滤清器过滤的空气，流经空气流量计、节气门体与怠速控制阀、进气总管、进气歧管，与喷油器喷出的汽油混合后被吸入气缸内燃烧。空气流量计测量进气量，ECU 根据进气量和发动机工况所需的空燃比计算汽油的基本喷射量，如图 3-5 所示。

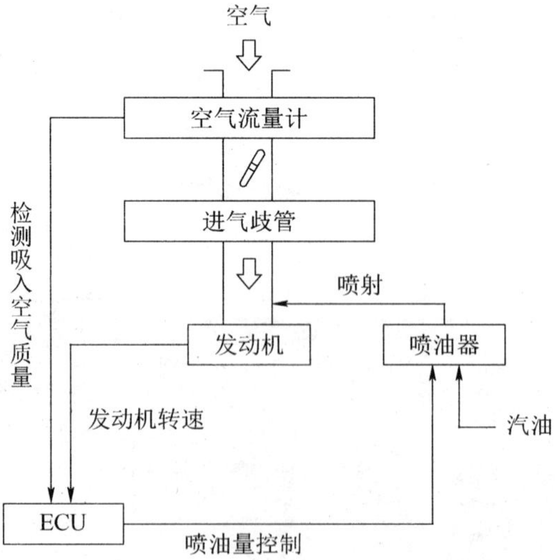


图 3-5　L 型空气供给系统的工作原理

# 3.2　空气计量装置的检测

## 知识目标

1．了解空气流量计的作用、安装位置、结构、工作过程和检测方法；

2．了解进气歧管压力传感器的作用、安装位置、结构、工作过程和检测方法。

## 理论知识

1．空气计量装置的作用

空气计量装置的作用是测量进入发动机的空气量，并将其转换成电信号传给 ECU，作为决定喷油量的基本信号之一。空气计量装置有两种，一种是空气流量计，另一种是进气歧管压力传感器。一般来说一台发动机只安装一个空气计量装置，五菱荣光汽车（1.2L）安装的是进气歧管压力传感器。

2．空气流量计

1）空气流量计的作用

空气流量计，也称空气流量传感器，是发动机控制系统重要的传感器之一，它的功能是直接测量进入发动机气缸的空气，并把空气量的信息传给 ECU，ECU 根据空气量的多少计算出基本喷油量。

2）空气流量计的分类

空气流量计按其工作原理不同可分为翼片式空气流量计、卡门旋涡式空气流量计、热线式空气流量计和热膜式空气流量计。目前，汽车上常用的是热线式空气流量计或热膜式空气流量计，空气流量计安装在空气滤清器之后，节气门前。图 3-6 为科鲁兹发动机空气流量计的安装位置。

图 3-6　科鲁兹发动机空气流量计的安装位置

3）热线式空气流量计的工作过程

如图 3-7 所示，当给空气流量计的热线通电时，其温度上升，起动发动机后，由于气流的作用，热线的温度就会下降，为了使热线的温度恒定，必须增大热线的电流，进入的空气越多，需增加的电流越大，由于电流的改变，电路两端的电压随之变化，通过电路两端电压的变化量即可计算出进入空气的量。

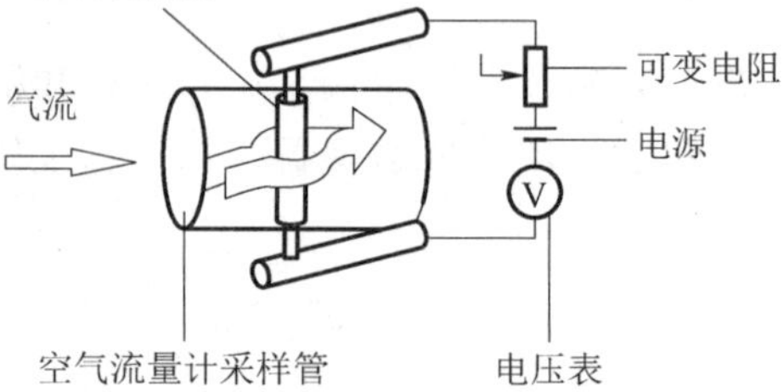


**图 3-7　热线式空气流量计的工作过程**

另外，由于在温度不同时，空气的密度是不同的，而且冷空气的冷却作用较强，需要空气温度作为修正的参数，因此在空气流量计中还有一个温度传感器。

3. 进气歧管压力传感器

进气歧管压力传感器通过测量进气歧管的压力，再根据压力的大小来间接计算空气量。进气歧管压力传感器一般安装在节气门之后。图 3-8 为五菱荣光发动机进气歧管压力传感器的安装位置。

**图 3-8　五菱荣发动机进气歧管压力传感器的安装位置**

进气歧管压力传感器有一个 5V 参考电压电路、一个低电平参考电压电路和一个信号电路。ECU 向进气歧管压力传感器的 5V 参考电压电路提供 5V 电压，并向低电平参考电压电路提供搭铁。进气歧管压力传感器通过信号电路向 ECU 提供一个与进气歧管压力变化相关的电压信号。

## 知识拓展

1. 传感器概述

一般来说，汽车发动机上都有 6～9 个传感器，如空气流量计、进气歧管压力传感器、节气门位置传感器、空气温度传感器、加速踏板位置传感器、水温传感器、曲轴（凸轮轴）转速及位置传感器、爆燃传感器、氧传感器等。学习传感器时，要理解传感器的作用、安装位置、基本结构、工作过程、线路连接、检测方法。

2. 传感器的检测

传感器的检测，包括传感器本身的检测和外部的检测，也就是要判断是传感器本身的问题还是外部的问题。

（1）检测所需工具：万用表、示波器、汽车故障诊断仪、辅助设备。

（2）检测方法：静态检测法、动态检测法、替换法（本书以静态检测法和动态检测法为主。）

① 静态检测法是指在发动机不起动的情况下进行测量，根据测量结果判断传感器的好坏，一般在发动机不能起动时采用这种方法。静态检测法的步骤如下：

第一步：检查传感器的安装是否正确、线路连接是否正常。

第二步：检查电路是否正常，主要检查从传感器到 ECU 的电源线、搭铁线、信号线是否断路或短路，电源电压是否正常，搭铁线是否搭接良好，即检查传感器的外部条件是否满足其工作要求。

**注意：** a. 检测电阻时，需把汽车点火开关关闭。

b. 测量电压时，需把点火开关打开。

c. 如果要拔或插传感器插头，需先把点火开关关闭。

第三步：模拟传感器的工作状况，测量传感器的信号变化规律是否符合技术要求，如果传感器的信号没有变化或变化不符合要求，则可以判断传感器已损坏。例如，空气流量计的作用是测量空气量，那么可以在不起动发动机的情况下，模拟空气流过，用一个电吹风给传感器吹不同的风量，同时测量空气流量计的信号电压是否变化。

② 动态检测法是指在发动机运转的情况下进行测量，根据测量结果判断传感器的好坏。动态检测法的步骤如下：

起动发动机后，直接测量传感器的信号值或波形，根据信号值的大小及变化规律判断传感器是否存在故障。

③ 替换法是指用一个无故障的传感器替换被怀疑的传感器，通过对比判断被怀疑的传感器是否有故障。其步骤为首先换用一个新的传感器替换原来的传感器，然后起动发动机，看故障是否排除，如果故障排除，则说明原有传感器已损坏，需更换；如果故障未排除，则说明是外部原因造成的故障，与传感器本身无关。

3. 万用表的使用

在汽车维修中，万用表是常用的工具，在使用万用表时，主要是用到电压挡、电阻挡，其他挡位用得不多。在使用万用表时一定要规范操作、正确使用。

1）电压挡的正确使用

第一步：正确安装表笔，把红表笔插入（V）孔，黑表笔插入 COM 孔。

第二步：确定所测电压是直流还是交流。

第三步：插好万用表表笔，打开万用表电源开关。

第四步：把万用表调到电压挡，根据所测值的大小选择挡位（在维修汽油发动机时，直流电压一般都是选择直流 20V 挡），此时万用表应显示为零，否则万用表有故障。在测量前应检查万用表是否正常，可用两表笔接触蓄电池的正负极，观察万用表是否能测出蓄电池的电压，如果不能测出，则说明万用表不能使用，应进行更换。

第五步：打开汽车点火开关。

第六步：黑表笔接蓄电池负极或接搭铁良好的车身处，红笔接所要测量处，并进行读数。

第七步：关闭万用表电源，把万用表归位。

2）电阻挡的正确使用

第一步：正确安装表笔，把红表笔插入（V）孔，黑表笔插入 COM 孔。

第二步：插好万用表表笔，打开万用表电源开关。

第三步：把万用表调到所需的电阻挡，这时万用表显示为 1。选择电阻挡位时一般先选择小的挡位，如超出量程再选大的挡位。将两表笔直接接触，看万用表是否显示为零，如果不是，则需更换万用表。注意，每测量一次都要进行这一步，以检查万用表是否可用。

第四步：关闭汽车点火开关。

第五步：两表笔分别接所要测的电阻两端，读出读数。

第六步：关闭万用表电源，把万用表归位。

**注意：**

（1）万用表每次测量前都要检查万用表是否良好。

（2）在测量中，万用表要放在自己容易读数的地方，不要两人或多人共同测量。

（3）万用表用完后要及时归位。

## 技能训练

### 训练 1　空气计量装置的检测

1. 实操准备

本训练需准备的设备和资料如表 3-1 所示。

表 3-1　本训练需准备的设备和资料

| 设备准备 | 资料准备 |
|---|---|
| 2014 款五菱荣光 1.2L 发动机、科鲁兹发动机汽车故障诊断仪、万用表、电吹风、真空枪 | 五菱荣光维修手册、科鲁兹维修手册 |

2. 电路原理图

2014 款五菱荣光 1.2L 发动机的电路原理图如图 3-9 所示。

3. 根据电路原理图完成填空

（1）空气流量计的电源线是________号线，搭铁线是________号线，信号线与 ECU 的

________号端子相连。（注：请查阅相应车型的电路图）

（2）进气歧管压力传感器共有________根线，其中电源线是________号线，搭铁线是________号线，信号线与 ECU 的________号端子相连。

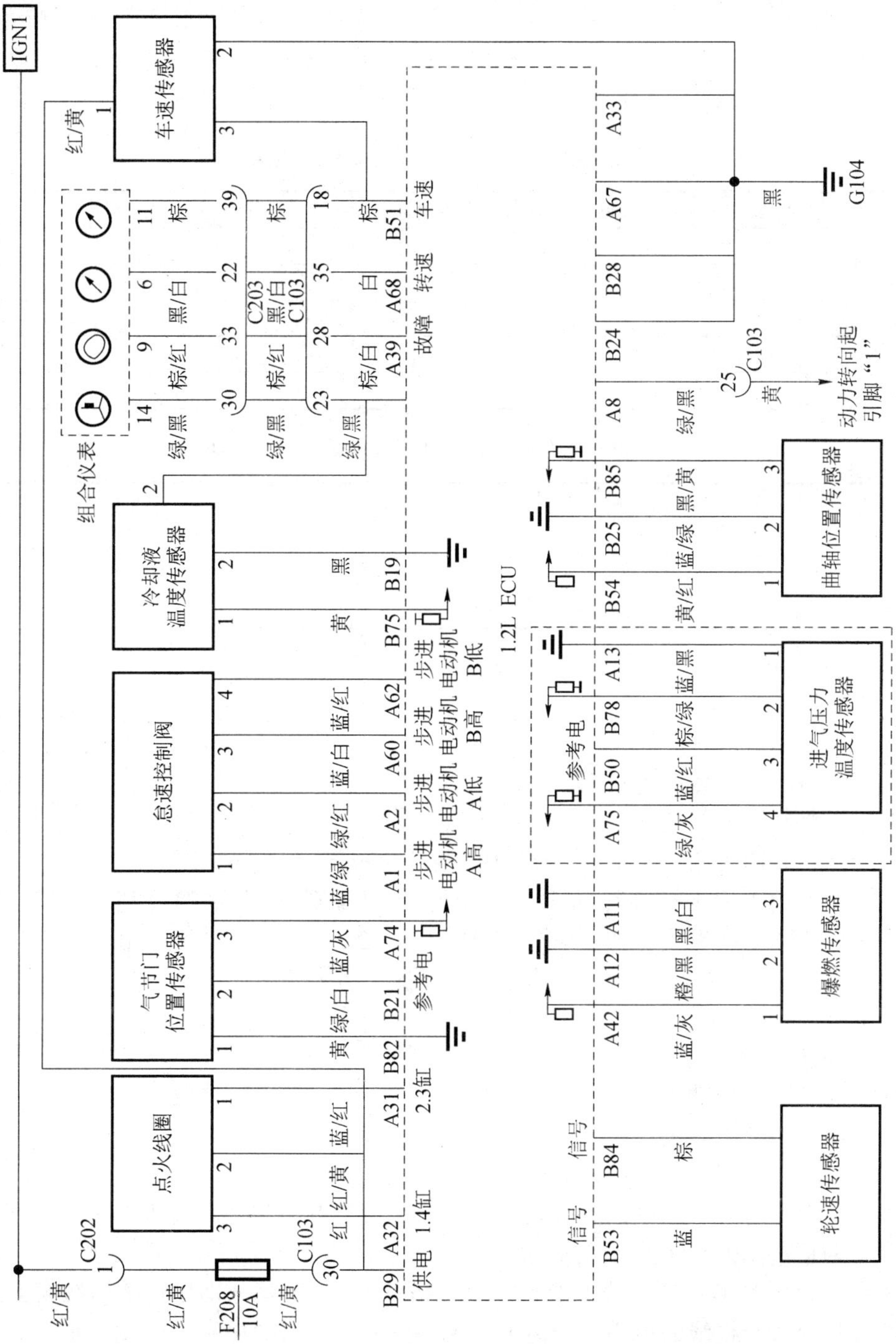


图 3-9　2014 款五菱荣光 1.2L 发动机的电路原理图

4. 找实物

在汽车上找到两个传感器的安装位置，确认其连接器上的接线与电路图一致。

5. 静态检测

利用静态检测法检测空气流量计和进气歧管压力传感器的电源线、搭铁线，并将所测得的数据分别填入表 3-2 和表 3-3。

**表 3-2　空气流量计的静态检测结果**

| 传感器引脚号 | 实测电压值或对地电阻 | 标准值 | 结果判断 |
|---|---|---|---|
| 1 | | | |
| 2 | | | |
| 3 | | | |
| 4 | | | |
| 5 | | | |

**表 3-3　进气歧管压力传感器的静态检测结果**

| 传感器引脚号 | 实测电压值或对地电阻 | 标准值 | 结果判断 |
|---|---|---|---|
| 1 | | | |
| 2 | | | |
| 3 | | | |

1）电源线的检测方法

电源线的检测方法如下：

第一步：关闭点火开关。

第二步：拔下传感器的连接器。

第三步：打开点火开关。

第四步：将万用表的挡位调到直流 20V 挡，检查万用表是否正常。

第五步：万用表黑表笔接蓄电池负极（或发动机缸体），红表笔分别接传感器线束连接器的各接线柱，读出所测电压值，如果有 5V（或 12V）电压，则说明电源线正常；如果任何一根线都没有电压，则说明电源线有问题，需进一步检测电控单元端。

第六步：填写表 3-2。

2）搭铁线的检测方法

搭铁线的检测方法如下：

第一步：关闭点火开关。

第二步：拔下传感器的连接器。

第三步：将万用表的挡位调到电阻最低挡，两表笔互相接触，检查万用表是否正常（万用表显示 0 为正常，显示 1 为不正常）。

第四步：万用表黑表笔接蓄电池负极（或搭铁），红表笔分别接传感器线束上的每个接线柱，如果测得某一根线的电阻阻值为 0（或者小于 1Ω），则说明这根线就是传感器的搭铁线；如果没有一根线的电阻小于 1Ω的，则说明搭铁线断路。

6. 动态检测

利用动态检测法检测空气流量计和进气歧管压力传感器的信号线，将所测得的数据填入表 3-4 和 3-5 中。

表 3-4　空气流量计的动态检测结果

| 传感器引脚号 | 实测电压值或对地电阻 | 标准值 | 结果判断 |
|---|---|---|---|
| 1 | | | |
| 2 | | | |
| 3 | | | |
| 4 | | | |
| 5 | | | |

表 3-5　进气歧管压力传感器的动态检测结果

| 传感器引脚号 | 实测电压值或对地电阻 | 标准值 | 结果判断 |
|---|---|---|---|
| 1 | | | |
| 2 | | | |
| 3 | | | |

7. 利用诊断仪读取故障码及相关数据流

学生需在发动机静态和动态时，分别读取故障码（可以由教师预先设置故障）、相关数据流，发动机静态时，只打开点火开关，不要起动发动机，把读到的信息填入表 3-6。

表 3-6　故障码和相关数据流的信息

| 故障代码及含义 | | | |
|---|---|---|---|
| 数据流参数 | 数据流大小（或范围） | 单位 | 变化情况 |
| 发动机转速 | | | |
| 进气温度 | | | |
| 空气质量流量 | | | |
| 进气歧管压力 | | | |

发动机动态测试指起动发动机后进行的测试。教师可以使发动机转速在怠速到 3000r/min 的范围内，使学生读出数据流，把读取的信息填入表 3-7。

表 3-7　转速变化会读取的信息

| 故障代码及含义 | | | |
|---|---|---|---|
| 数据流参数 | 数据流大小（或范围） | 单位 | 结果判断 |
| 发动机转速 | | | |
| 冷却液温度 | | | |
| 进气温度 | | | |
| 空气质量流量 | | | |
| 进气歧管压力 | | | |

## 考核评价

1. 学生互检

小组内，学生互相考核与讨论，主要内容：①对着发动机台架上的电路图，说明空气流量计或进气歧管压力传感器与 ECU 有几根线连接，并说明线的名称；②在发动机上找到空气流量计或进气歧管压力传感器，说明其作用。

**注意：**传感器的作用要从两方面进行说明，第一，测量什么信号；第二，ECU 接收到这个信号后用来做什么。

2. 教师抽查

由教师抽查部分学生，考核的内容：①使用万用表检测传感器；②使用汽车诊断仪读取故障与数据流。考核中要边检测边填写考核表（表 3-8）。

**表 3-8　空气计量装置的检测考核评价表**

<table>
<tr><td colspan="2">被考核人信息</td><td>班级</td><td></td><td>姓名</td><td></td><td>学号</td><td></td></tr>
<tr><td>序号</td><td>项目及配分</td><td colspan="5">考核记录</td><td>教师评价</td></tr>
<tr><td>1</td><td>空气流量计（或进气歧管压力传感器）电路（15 分）</td><td colspan="5">由学生对着发动机台架电路板画出空气流量计（或进气歧管压力传感器）电路图，并注明各线的标号</td><td></td></tr>
<tr><td>2</td><td>传感器电源线的检测（15 分）</td><td colspan="5">注意万用表的使用，以及检测电源线的条件。<br>电源线是________号线，电压为________ V</td><td></td></tr>
<tr><td>3</td><td>搭铁线的检测（15 分）</td><td colspan="5">注意万用表的使用，检测搭铁线的对地电阻，选用万用表电阻挡的最小挡位。<br>搭铁线是________号线，对地的电阻是________Ω</td><td></td></tr>
<tr><td>4</td><td>测量信号电压（20 分）</td><td colspan="5">模拟空气流量计（或进气歧管压力传感器）的工况，测量其信号电压。<br>信号电压的变化范围：________</td><td></td></tr>
<tr><td>5</td><td>读取故障码及数据流（15 分）</td><td colspan="5">读取的故障码为________<br>数据流：水温________℃，进气量________，发动机转速________</td><td></td></tr>
<tr><td>6</td><td>工作安全、规范操作、时间要求（20 分）</td><td colspan="5">由考核教师根据学生在整个过程中的表现评分，要进行必要的说明。</td><td></td></tr>
<tr><td>总分</td><td>100 分</td><td colspan="6"></td></tr>
<tr><td colspan="2">考核教师签名</td><td colspan="2"></td><td>日期</td><td colspan="2"></td><td>用时：　　分</td></tr>
</table>

# 3.3　节气门体及相关部件的检测

## 知识目标

1. 掌握节气门和电子节气门传感器的作用、安装位置、结构、工作原理和检测方法；
2. 了解加速踏板位置传感器的检测方法。

## 理论知识

节气门体的主要作用是通过改变节气门开度的大小来控制进气通道截面面积的变化，实现对发动机转速和负荷的控制。节气门体安装在进气总管上，其结构如图3-10所示。

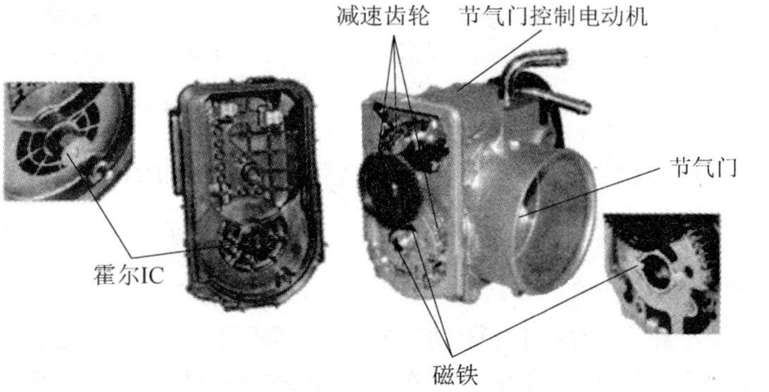


图3-10　节气门体的结构

节气门体主要由节气门、节气门位置传感器、怠速旁通气道和调整螺钉等组成。由于电控汽油喷射发动机怠速运转时，一般将节气门完全关闭，因此专门设有怠速空气道，以供给发动机怠速时所需的空气量。怠速空气道由ECU通过怠速控制阀控制。为防止在寒冷地区使用时节气门转动部位结冰，有些节气门体的外部设有发动机冷却液通道，用以对节气门体加温。

1. 节气门位置传感器

1）作用

节气门位置传感器（Throttle Position Sensor，TPS）的作用是检测节气门的开度及开度变化，并将此信号输入ECU，以进行燃油喷射控制及其他辅助控制。

2）类型

节气门位置传感器常见的有开关式节气门位置传感器、滑动电阻式节气门位置传感器、综合式节气门位置传感器。

如图3-11所示，开关式节气门位置传感器使用怠速触点和全开触点来检测发动机是怠速还是在高负荷下运转。当节气门完全关闭时，怠速触点闭合、全开触点断开，这时发动机

ECU 确定发动机处于怠速状态。当踩下加速踏板时，怠速触点断开，当节气门开度达 50% 以上时，全开触点闭合，表明发动机处于大负荷状态；而当节气门开度在关闭至 50%之间时，活动触点悬空，表明发动机处于中小负荷状态。

图 3-12 为滑动电阻式节气门位置传感器，当节气门位置改变时，节气门轴旋转带动主、副触点在滑动电阻体和滑片上滑动，改变电源端子和信号端子之间的电阻值，使节气门开度转换为电压信号输送给 ECU。

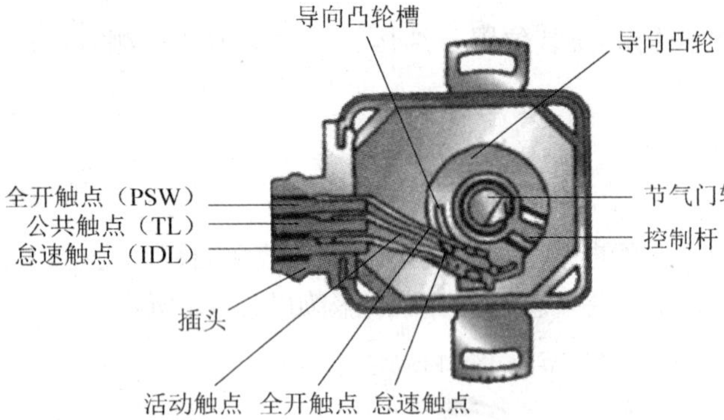

**图 3-11 开关式节气门位置传感器**

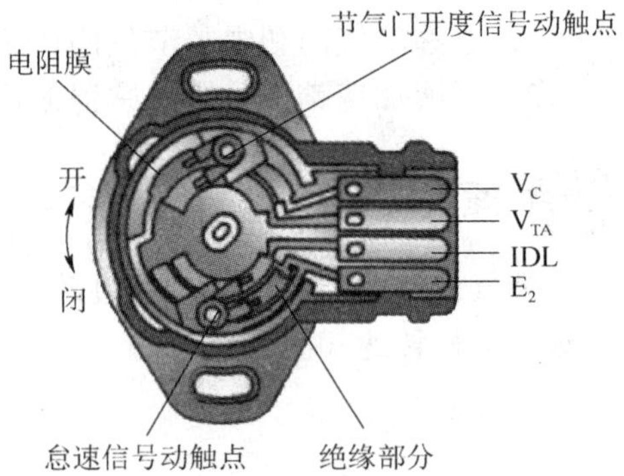

**图 3-12 滑动电阻式节气门位置传感器**

综合式节气门位置传感器采用怠速开关和线形可变电阻相结合，怠速开关用来产生怠速信号，线形可变电阻用来反映节气门开度。

2. 怠速控制系统

怠速是指发动机在无负荷（对外无功率输出）情况下的稳定运转状态。

怠速转速过高会增加燃油消耗量，汽车在交通密度大的道路上行驶时，约有 30% 的燃油消耗在怠速阶段，因此怠速状态时的转速应尽可能低，但考虑减少有害物的排放，怠速转速又不能过低。另外，怠速控制还应考虑怠速使用条件，如冷车运转自动变速器、动力转向情况等，它们都会引起怠速转速的变化，使发动机运转不稳甚至引起熄火现象。

发动机 ECU 对发动机的怠速进行控制，其实质是控制怠速时的进气量。其内容包括起动后的控制、暖机过程的控制、负荷变化的控制、减速时的控制等。

目前怠速控制可分为节气门直动式怠速控制方式、空气旁通式怠速控制方式两种基本类型。这两种类型都是通过调节空气通路的截面面积来控制气缸进气量的。

1）节气门直动式怠速控制方式

节气门直动式怠速控制方式通过调节怠速时的节气门开度来控制怠速进气量，又可分为怠速节气门电动机调节式和电子节气门两种类型。

（1）怠速节气门驱动电动机调节式的作用是，在怠速工况下，通过控制节气门开启角度，调节空气通路的截面面积，达到控制进气量、实现怠速控制的目的。节气门直动式怠速控制机构具有较强的工作能力，控制位置稳定性好，目前应用较多。

（2）电子节气门取消了节气门拉索，节气门在整个开启范围内均依靠直流电动机驱动，它不仅负责怠速控制，还可以作为牵引防滑系统、电子稳定系统、巡航控制的执行元件。电子节气门的组成如图 3-13 所示。

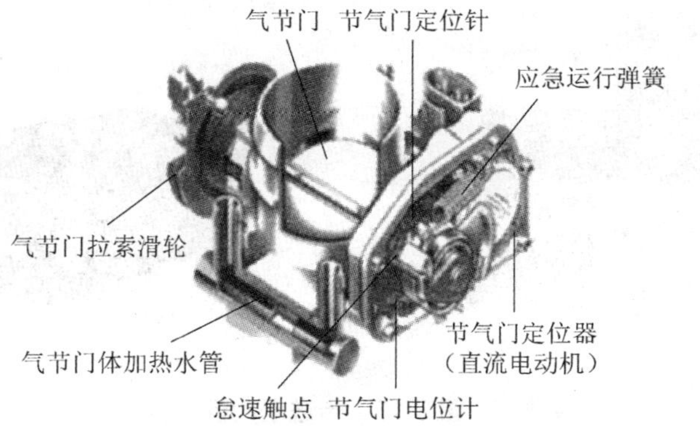


**图 3-13　电子节气门的组成**

节气门在整个调整范围内都由一个电动机控制。驾驶员根据需要的发动机动力踩下加速踏板，传感器记录加速踏板的位置并将该信号传递给发动机 ECU，ECU 将驾驶员输入的信号传递给节气门定位器，该定位器将节气门转动到相应的角度。电子节气门的工作过程如图 3-14 所示。

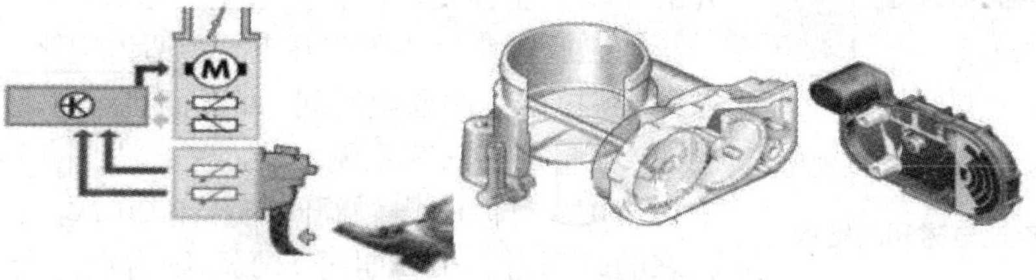

**图 3-14　电子节气门的工作过程**

2）空气旁通式怠速控制方式

空气旁通式怠速控制方式可分为怠速步进电动机式怠速控制、占空比电磁阀式怠速控制、旋转电磁阀式怠速控制等形式。

（1）怠速步进电动机式怠速控制。这种方式由控制单元接受各类信号，通过计算分析后驱动步进电动机。使步进电动机转子旋转改变阀门与阀座之间的距离，调节旁通空气道的空气流量，使发动机怠速转速达到所要求的目标转速。下面介绍微机控制步进电动机式进气量调节。

微机控制步进电动机式进气量调节：微机根据节气门开关信号（怠速开关）、车速信号判断发动机是否处于怠速状态；再根据冷却液温度传感器信号、空调信号、动力转向信号、自动变速器挡位信号等负荷情况，通过存储器存储参考数据，确定相应的目标转速。将发动机实际转速和目标转速相比较，根据比较得出的差值确定相应目标转速控制量，以此驱动步进电动机，使步进电动机转子旋转改变阀门与阀座之间的距离，调节旁通空气道的空气流量，使发动机怠速转速达到所要求的目标转速，如图 3-15 所示。

（2）占空比电磁阀式怠速控制。占空比电磁阀的结构如图 3-16 所示。它主要由电磁线圈、复位弹簧、阀芯、阀座、固定铁芯、活动铁芯、进气口和出气口等组成。其中阀芯固定在阀杆上，阀杆一端与固定铁芯连接，另一端设置有复位弹簧。

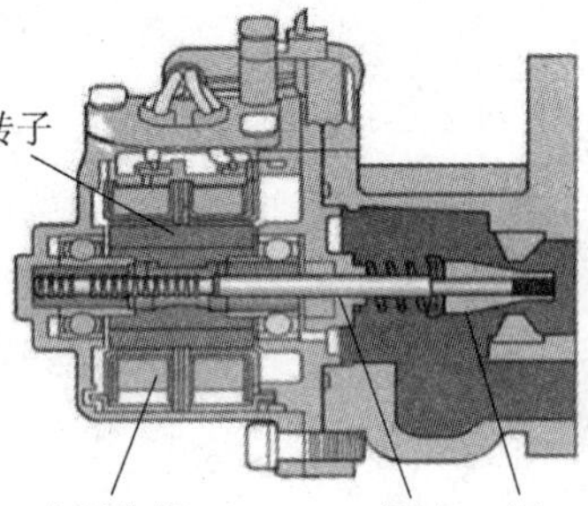

图 3-15　步进电动机

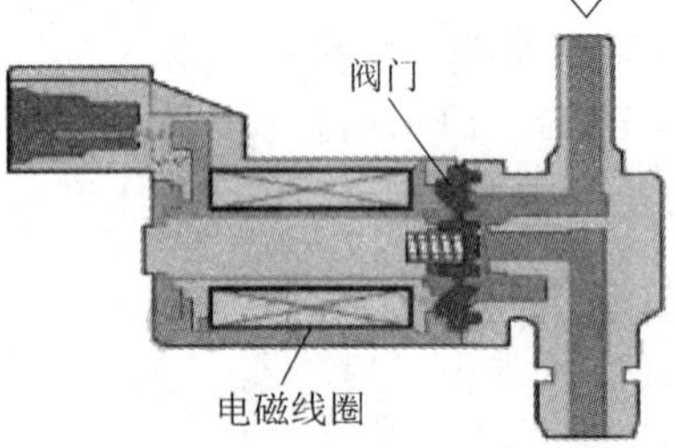


图 3-16　占空比电磁阀的结构

占空比电磁阀式怠速控制原理：电磁线圈接通电流时会产生电磁吸力。当线圈产生的电磁吸力超过复位弹簧的弹力时，活动铁芯在电磁吸力的作用下向固定铁芯方向移动，同时通过阀杆带动阀芯向右移动，使阀芯离开阀座将旁通空气道开启。当电磁线圈断电时，活动铁芯与阀芯在复位弹簧弹力的作用下左移复位，将旁通空气道关闭。

电磁阀占空比进气量调节：所谓占空比，是指一个脉冲循环中，电磁线圈通电时间（即阀门打开时间）所占的比值。例如，在日产 ECCS 系统中，加在电磁线圈上的脉冲电压频率为 20Hz，即 1s 电磁阀阀门开闭 20 次，如果脉冲为 ON 状态的时间占一个周期的 60%，则占空比为 60%。占空比越大，阀门打开的时间相对增加，空气充气量越多。因此，微机只要控制电磁阀线圈的脉冲占空比，即可控制旁通空气道中的空气流量，也就能控制怠速转速。由上可知占空比越大，怠速转速越高；反之，怠速转速越低。

（3）旋转电磁阀式怠速控制。旋转电磁阀主要由旁通空气阀和电动机组成。如图 3-17 所示，旁通空气阀固定在电动机的电枢轴上，在电动机的驱动下，可以在限定的 90° 转角范围内转动，通过改变旁通空气开启面积的大小来增减进气量。电动机的磁极用永久磁铁制成，电枢由电枢铁芯、两个绕组、换向器和电枢轴组成。

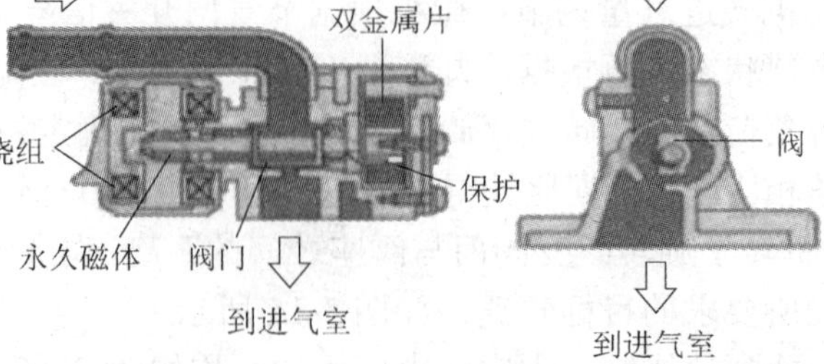


图 3-17　旋转电磁阀

3. 电子节气门控制系统

电子节气门控制系统（ETCS-i）是一种使用计算机控制节气门开度的系统。常规节气门的开启与关闭由从加速踏板到节气门的一根油门拉索来控制，而电子节气门控制系统加速踏板与节气门之间无机械连接，而是通过传感器、ECU 及节气门驱动装置实现电子控制方式的连接，如图 3-18 所示，可使发动机节气门的开度不完全取决于驾驶员对加速踏板的操纵。控制系统可根据发动机的工况、汽车的行驶状态等对节气门的开度作出实时的调节，使发动机在最适当的状态下工作，从而提高了汽车的动力性、安全性及舒适性。

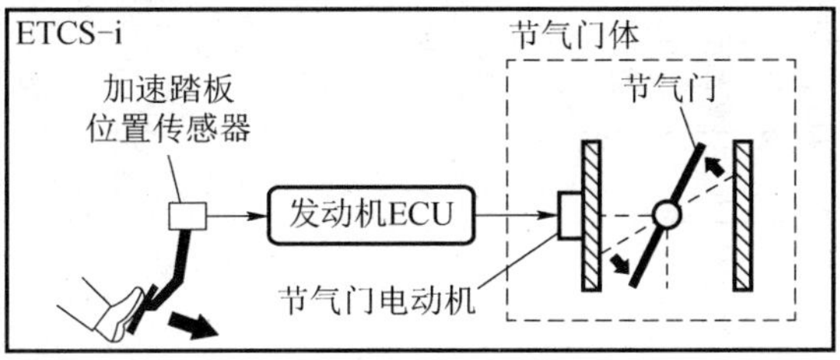


图 3-18　电子节气门控制系统原理图

电子节气门控制系统包括加速器踏板位置传感器、发动机 ECU 和节气门体。节气门体由节气门、节气门控制电动机、节气门位置传感器和其他部件构成。节气门体上有六根线，四根是节气门位置传感器的（两个节气门位置传感器共用电源线和搭铁线），两根是电动机线；加速踏板位置传感器上也有六根线，是两个独立的传感器，每个传感器有三根线。

## 技能训练

### 训练 2　电子节气门的检测

1. 实操准备

本训练需准备的设备和资料如表 3-9 所示。

表 3-9　本训练需准备的设备和资料

| 设备准备 | 资料准备 |
| --- | --- |
| 丰田卡罗拉发动机、万用表、汽车故障诊断仪 | 丰田卡罗拉维修手册 |

2. 找实物

在发动机上找到电子节气门控制系统的相关部件。

3. 电路原理图

电子节气门的电路原理图如图 3-19 所示。

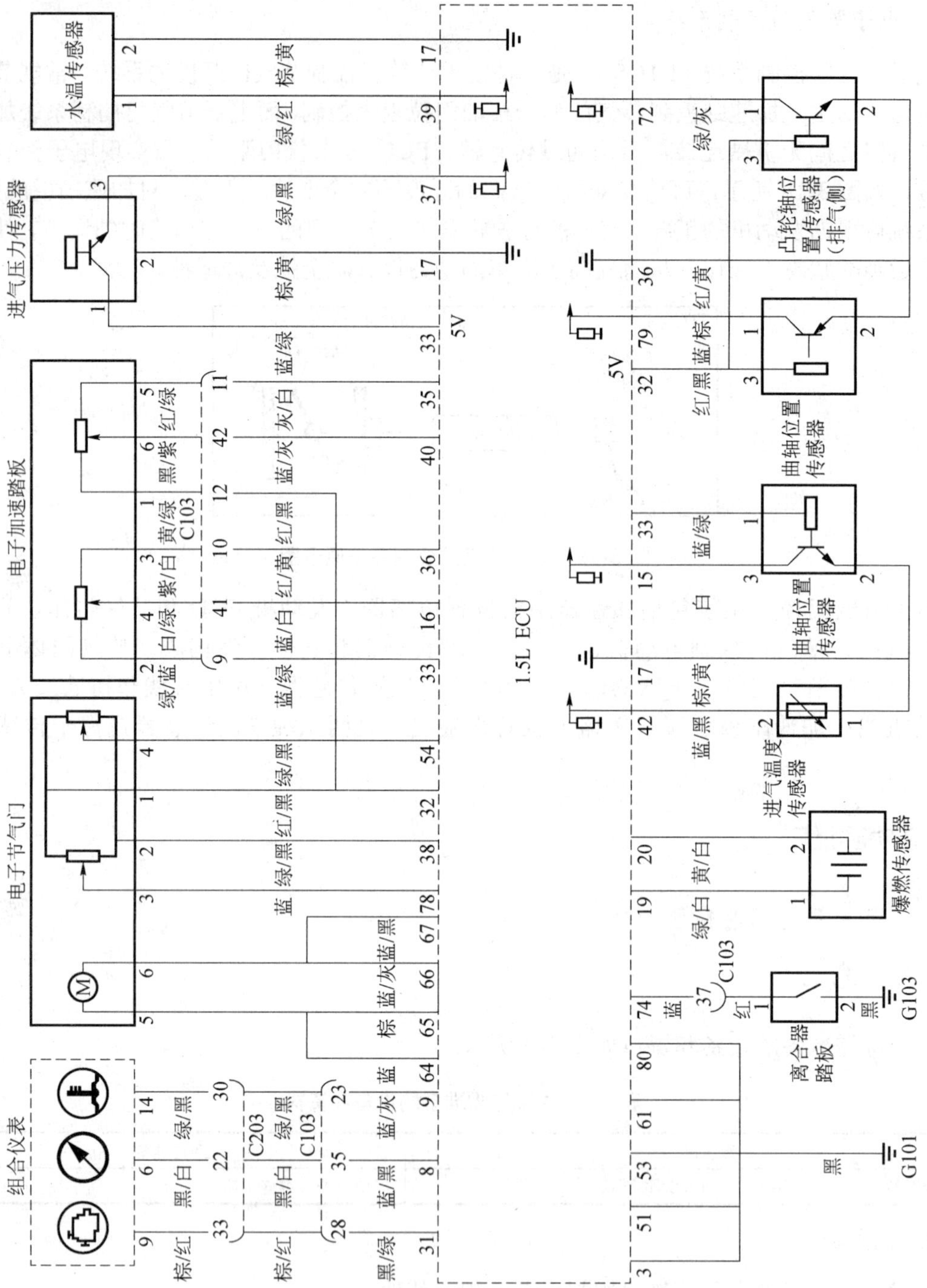


图 3-19　电子节气门的电路原理图

4. 检测电子节气门

（1）电子节气门上共有________根线，其中________根是电动机的，________根是节气门位置传感器的；加速踏板位置传感器上共有________根线。

（2）测量电动机电阻的阻值为________Ω。

（3）检测节气门位置传感器，完成表 3-10。

**表 3-10　节气门位置传感器的检测结果**

| 传感器引脚号 | 实测电压值或对地电阻 | 标准值 | 结果判断 |
|---|---|---|---|
| 1 | | | |
| 2 | | | |
| 3 | | | |
| 4 | | | |

（4）检测加速踏板位置传感器，完成表 3-11。

**表 3-11　加速踏板位置传感器的检测结果**

| 传感器引脚号 | 实测电压值或对地电阻 | 标准值 | 结果判断 |
|---|---|---|---|
| 1 | | | |
| 2 | | | |
| 3 | | | |
| 4 | | | |

（5）由老师设置节气门位置传感器、电动机或加速踏板位置传感器的故障，起动发动机，观察仪表盘上的故障指示灯是否点亮，并说明原因。利用汽车故障诊断仪读取故障码，以及所设故障传感器的数据流，观察数据流是否变化，并说明原因。

## 课后练习

### 一、填空题

1. 空气计量装置可分为________和________。

2. 空气供给系统由________、________、________、________、________、________和增压控制装置等组成。

3. 空气流量计按其工作原理不同可分为________、________、________和________。

4. ________和________类型的空气流量计在汽车上应用较广泛。

5. 节气门位置传感器常见有________、________、________三种类型。

6. 空气旁通式怠速控制系统可分为________、________、________等形式。

### 二、问答题

1. 如何检测五菱汽车的进气歧管压力传感器？

2. 简述速度密度型（D 型）空气供给系统的工作原理。

3. 如何检测五菱宏光汽车的电子节气门？

# 模块 4　检测燃油供给系统

学习目标

1. 了解汽油机燃油供给系统的作用、组成，以及各主要部件的功能；
2. 通过简单的拆装，掌握汽油机燃油供给系统各主要零部件的安装位置、接线方式；
3. 通过查阅维修资料，学会检测汽油机燃油供给系统的各主要零部件；
4. 能够对整体维修工作进行简单的小结。

## 4.1　汽油机燃油供给系统的认识

### 知识目标

1. 了解汽油机燃油供给系统的作用、组成、安装位置；
2. 能在汽车上找到汽油机燃油供给系统的主要零部件。

### 理论知识

1. 汽油机燃油供给系统的作用

汽油机燃油供给系统的作用是根据发动机运转工况的需要，向发动机供给一定数量的、清洁的、雾化良好的汽油，以便与一定数量的空气混合形成可燃混合气。同时，汽油机燃油供给系统还需要储存相当数量的汽油，以保证汽车有相当远的续驶里程。

2. 汽油机燃油供给系统的组成

汽油机燃油供给系统包括电子控制汽油喷射系统、燃油供给系统，其主要零部件有汽油箱、燃油滤清器、燃油泵、电磁喷油器、油压调节器、油管等辅助装置，如图 4-1 所示。

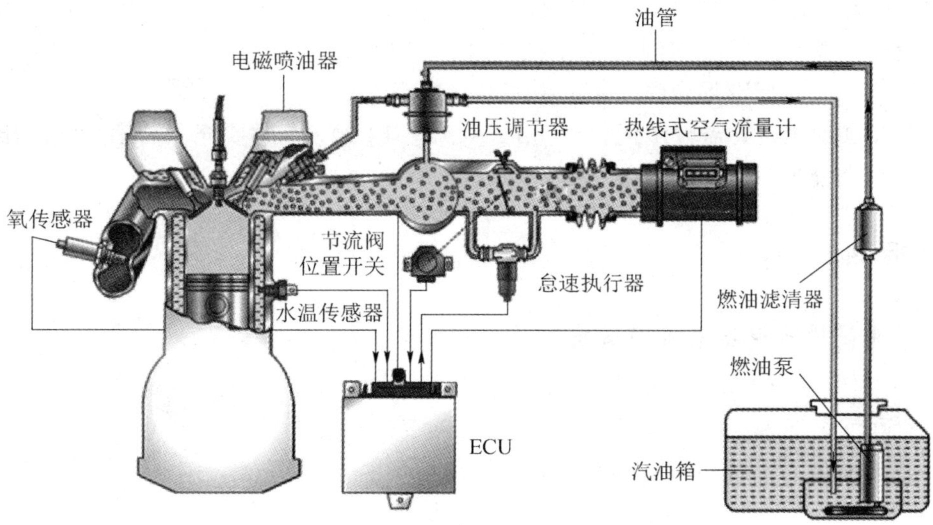


**图 4-1　汽油机燃油供给系统的组成**

## 知识拓展

1. 混合气定义

燃油与空气按一定比例混合、雾化而成的混合物，称为可燃混合气，简称混合气。

2. 混合气浓度

混合气中燃油与空气的质量比称为混合气浓度。混合气的浓度和雾化程度对发动机的动力性、经济性和排放性能具有极重要的影响。

3. 表征混合气浓度的参数

表征混合气浓度的参数有两个：①空燃比（$A/F$），即空气质量与燃油质量的比值[理论上，1kg 汽油完全燃烧需 14.7kg 空气（准确数量与汽油的品质有关）]；②过量空气系数$\alpha$，即燃烧 1kg 燃油实际供给的空气量（质量）与理论所需空气量（14.7kg）的比值。

4. 基本定义

标准混合气：$A/F$=14.7 的混合气，或$\alpha$=1 的混合气。
浓混合气：$A/F$<14.7，或$\alpha$<1 时的混合气。
稀混合气：$A/F$>14.7，或$\alpha$>1 时的混合气。

5. 不同工况对混合气浓度的要求

能维持发动机正常运转的混合气浓度为 $A/F$=7～20（$\alpha$=0.45～1.35）。发动机不同的工况对混合气的浓度要求是不一样的，具体如下。

起动工况：转速过低，温度过低，燃油雾化差，需要最浓混合气（$A/F$=7.5～9）。

怠速工况：节气门开度太小，废气含量高，燃烧速度慢，也需要浓混合气（$A/F$=9～10）。

小负荷：需较浓混合气（$A/F$=10～12）。

中等负荷：需较稀的经济混合气（$A/F$=14.7～18）。

中大负荷：需要标准混合气（$A/F$=14.5～16.5）。

大负荷和加速工况：需较浓混合气（$A/F$=12.5～14.5），此时要充分利用空气产出最大功率，燃油没有充分燃烧。

### 技能训练

#### 训练 1　汽油机燃油供给系统的认识

1. 实操准备

本训练需准备的设备和资料如表 4-1 所示。

表 4-1　本训练需准备的设备和资料

| 设备准备 | 资料准备 |
| --- | --- |
| 2014 款五菱荣光 1.2L 汽车、发动机台架 | 2014 款五菱荣光维修手册 |

2. 找实物

在实车或发动机台架上找到汽油机燃油供给系统各主要零部件的安装位置，并能说出名称、作用。

（1）燃油泵安装在________，其作用是________。

（2）燃油滤清器安装在________，其作用是________。

（3）电磁喷油器有________个，每个电磁喷油器上有________根线。

## 4.2　电磁喷油器的检测

### 知识目标

1. 了解电磁喷油器的作用、安装位置、结构、工作过程；
2. 通过查阅维修资料，会检测电磁喷油器。

### 理论知识

1. 电磁喷油器的作用及安装位置

电磁喷油器的作用是根据发动机 ECU 发出的脉冲信号，将计量精确的燃油适时、适量地喷入节气门附近的进气歧管内。

缸外喷射的汽油发动机，其电磁喷油器安装在靠近进气门的进气歧管上，如图 4-2 所示。

图 4-2　电磁喷油器的安装位置

2. 电磁喷油器的结构与工作过程

1）电磁喷油器的结构

电磁喷油器的结构主要电磁线圈、衔铁、电源插头、滤网、密封圈等组成，如图 4-3 所示。

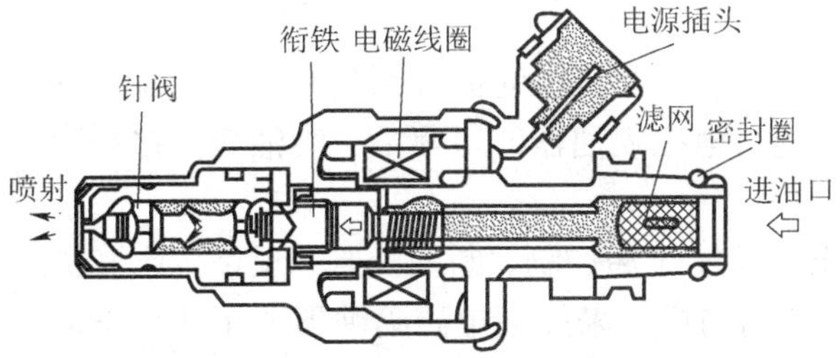

图 4-3　电磁喷油器的结构

2）电磁喷油器的工作过程

电磁喷油器体内有一个电磁线圈，其头部的针阀与衔铁结合成一体。ECU 以电脉冲的形式向电磁喷油器输入控制电流。当 ECU 送来电流信号时，电磁线圈通电，产生电磁力，吸起衔铁与针阀，将燃油通过针阀头部间隙喷出，与空气混合，在发动机进气行程中被吸入气缸。其工作电路如图 4-4 所示。

3. 电磁喷油器的分类

目前电磁喷油器主要有轴针式电磁喷油器、球阀式电磁喷油器和片阀式电磁喷油器三种。缸外喷射的汽油机燃油喷射系统均采用轴针式电磁喷油器。电磁喷油器按喷孔的数目不同，可分为单孔式电磁喷油器、双孔式电磁喷油器及环孔式电磁喷油器三种。由于双孔式电磁喷油器既有利于均匀喷射，又不易堵塞，因而得到了广泛应用。

电磁喷油器按电磁线圈电阻值的大小不同，可分为低电阻电磁喷油器（0.6～3Ω）和高电阻电磁喷油器（12～17Ω），现代汽车发动机普遍采用高电阻电磁喷油器。

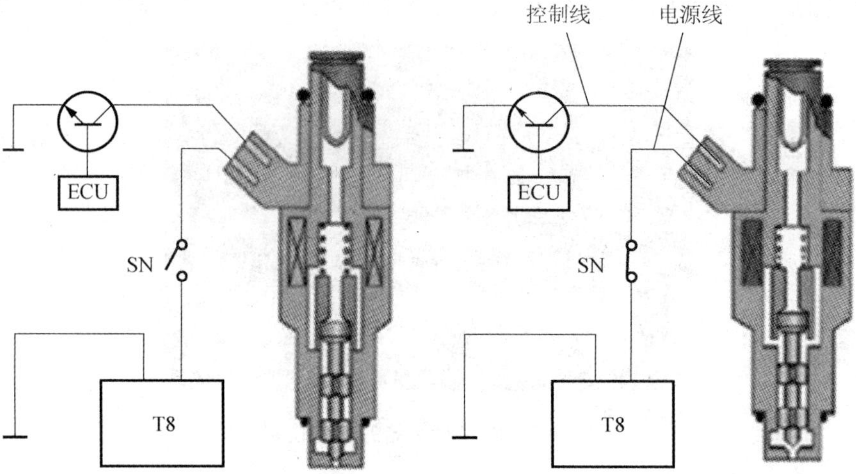


（a）关闭　　（b）打开

**图 4-4　电磁喷油器的工作电路**

## 知识拓展

喷油量的控制就是发动机 ECU 首先根据传感器传输的信号判断发动机工况，计算喷油量，然后发出控制信号，使电磁喷油器通电，电磁喷油器即可喷油。喷油量的多少取决于通电时间的长短。

喷油量的控制分为起动喷油控制、正常运转喷油控制、断油控制、反馈控制和混合比学习控制等。对于不同的工况，ECU 会按不同的模式来控制电磁喷油器的工作。下面介绍前三种控制模式。

### 1. 起动喷油控制

在发动机起动时，由于吸入气缸的空气较少，空气流量计的检测精度低，因此起动时不把空气流量计的信号作为喷油控制的依据，而是根据预先设定的起动程序来进行喷油量控制。

### 2. 正常运转喷油控制

发动机在正常运转工况下，ECU 主要根据空气流量计（或进气压力传感器）和发动机转速传感器传输的信息来计算基本喷油量，并经过进气温度、大气压力、蓄电池电压、发动机水温、怠速、加速、全负荷等参数修正后，控制电磁喷油器喷油，保证相应工况的正常工作，此时，喷油量包括基本喷油量、修正量和增量三部分，三部分之和为总喷油量。

### 3. 断油控制

1）超速断油控制

当发动机转速达到 ECU 设定的最高转速时，ECU 会控制喷油器暂时中断喷油，以防止超速运转而损坏零部件。当发动机转速降低到规定值时，ECU 控制喷油器恢复喷油。如此循环，即可防止发动机转速无限上升。

2）减速断油控制

当在发动机运转过程中突然松开加速踏板，且满足某些条件（节气门位置传感器怠速开关接通、发动机转速高于 ECU 内存的设定值、发动机水温已达正常值）时，ECU 会控制电磁喷油器停止喷油，即实行减速断油。当发动机转速下降到规定值时，ECU 又控制电磁喷油器恢复供油，停止与恢复供油的转速与发动机冷却液温度及外加负荷有关：若发动机水温越低，外加负荷越大，则停止与恢复供油的转速越高；反之，发动机水温越高，外加负荷越小，则停止与恢复供油的转速就越低。减速断油既可以降低燃油消耗，又可以减少污染物的排放。

3）减转矩断油控制

自动变速器的汽车自动升挡时，ECU 会控制个别缸的电磁喷油器暂时中断喷油，以减小发动机输出转矩，降低发动机转速，减轻换挡冲击。

4）溢油消除

起动时汽油喷射系统向发动机提供浓度很高的混合气。若多次转动起动电动机后发动机仍未起动，则淤积在气缸内的浓混合气可能会浸湿火花塞，使之不能跳火。这种情况称为溢油或淹缸。此时驾驶员可将加速踏板踩到底，并转动点火开关，起动发动机。ECU 在这种情况下会自动中断燃油喷射，以排除气缸中多余的燃油，使火花塞干燥。ECU 只有在点火开关、发动机转速及节气门位置同时满足以下条件时，才能进入溢油消除状态：①点火开关处于起动位置；②发动机转速低于 500r/min；③节气门全开。因此，电控汽油喷射式发动机在起动时，不必踩下加速踏板，否则有可能因进入溢油消除状态而使发动机无法起动。

## 技能训练

### 训练 2 电磁喷油器的认识与检测

1. 实操准备

本训练需准备的设备和资料如表 4-2 所示。

表 4-2 本训练需准备的设备和资料

| 设备准备 | 资料准备 |
|---|---|
| 2014 款五菱荣光 1.2L 汽车、万用表、汽车故障诊断仪、示波器 | 2014 款五菱荣光维修手册 |

2. 电路原理图

电磁喷油器的电路原理图如图 4-5 所示。

3. 根据电路原理图完成以下填空

（1）电磁喷油器的电源线是________号线，控制线分别是________号线，控制线的颜色分别是________。

（2）电磁喷油器的________线与 ECU 连接，发动机上共有________个电磁喷油器。

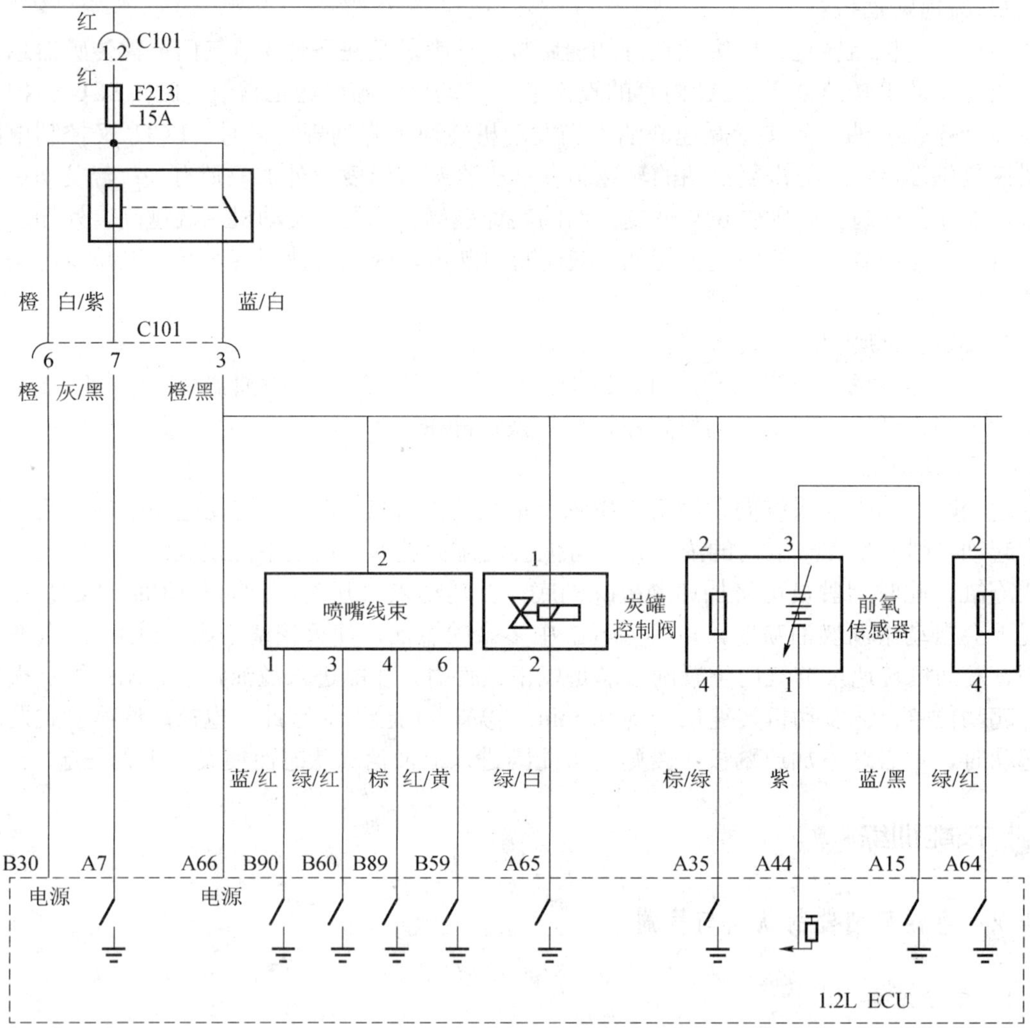


图 4-5　电磁喷油器的电路原理图

4. 找实物

在汽车上找到电磁喷油器的安装位置，确认其连接器上的接线是否与电路原理图一致。

5. 静态检测

利用静态检测法检测电磁喷油器，并将所测得的数据填入表 4-3～表 4-5 中。

表 4-3　电磁喷油器电压值的测量

| 气缸<br>端子 | 第一缸实测值 | 第二缸实测值 | 第三缸实测值 | 第四缸实测值 | 标准值 |
|---|---|---|---|---|---|
| 1 | | | | | |
| 2 | | | | | |
| 测量结果判断 | | | | | |

表 4-4　电磁喷油器电阻值的测量

| 各缸喷油器 | 实测电阻值 | 标准值 | 测量结果判断 |
| --- | --- | --- | --- |
| 第一缸 | | | |
| 第二缸 | | | |
| 第三缸 | | | |
| 第四缸 | | | |

表 4-5　故障及数据流信息的读取（一）

| 故障代码及含义 | | | |
| --- | --- | --- | --- |
| 数据流参数 | 数据流大小（或范围） | 单位 | 变化情况 |
| 发动机转速 | | | |
| 进气歧管压力 | | | |
| 喷油时间 | | | |

6. 动态检测

利用动态检测法检测电磁喷油器，并将所测得的内容填入对应的表中。

（1）使用试灯检测喷油器的控制线，并将结果填入表 4-6 中。

表 4-6　电磁喷油器控制线的检测

| 各缸喷油器的控制线 | 实测情况（填闪烁或不闪烁） | 正常情况（填闪烁或不闪烁） | 检测结果判断 |
| --- | --- | --- | --- |
| 第一缸 | | | |
| 第二缸 | | | |
| 第三缸 | | | |
| 第四缸 | | | |

（2）使用汽车故障诊断仪读取故障码及相关数据流，并填入表 4-7 中。

表 4-7　故障及数据流信息的读取（二）

| 故障代码及含义 | | | |
| --- | --- | --- | --- |
| 数据流参数 | 数据流大小(或范围) | 单位 | 变化情况 |
| 发动机转速 | | | |
| 进气歧管压力 | | | |
| 喷油时间 | | | |

（3）使发动机从怠速转速到 3000r/min 的范围内转动，读出相应数据流并记录到表 4-8。

表 4-8　故障及数据流信息的读取（三）

| 故障代码及含义 | | | |
| --- | --- | --- | --- |
| 数据流参数 | 数据流大小（或范围） | 单位 | 变化情况 |
| 发动机转速 | | | |
| 进气歧管压力 | | | |
| 喷油时间 | | | |

（4）发动机怠速时，使用示波器检测任意一缸电磁喷油器的波形并填入表 4-9 中。

**表 4-9　电磁喷油器的波形检测**

| 条件 | 波形 |
|---|---|
| 正常的波形 | 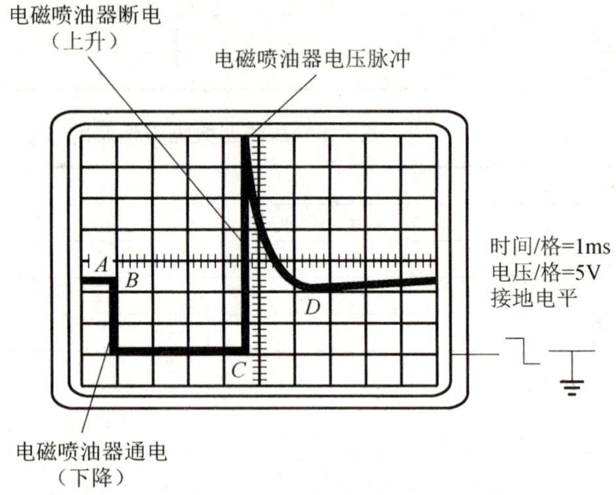 |
| 实测的波形 | |

## 考核评价

1. 学生互检

小组内，学生互相考核与讨论，主要内容：①对着发动机台架上的电路图，说明有几个电磁喷油器，以及电磁喷油器与 ECU 有几根线相连，并说明这些线的名称；②在发动机上找到所有电磁喷油器，并说明其作用。

2. 教师抽查

由教师抽查部分学生，考核的内容：①测量电磁喷油器的电阻值；②检测电磁喷油器的控制线；③使用汽车故障诊断仪读取喷油时间；④使用示波器检测电磁喷油器的波形。考核中要边测量边填写考核评价表（表 4-10）。

表 4-10　电磁喷油器的认识与检测考核评价表

| 被考核人信息 | | 班级 | | 姓名 | | 学号 | |
|---|---|---|---|---|---|---|---|
| 序号 | 项目及配分 | 考核记录 | | | | | 教师评价 |
| 1 | 电磁喷油器电路（15 分） | 由学生对着发动机台架电路板画出四个电磁喷油器电路图，并注明各线的标号 | | | | | |
| 2 | 电磁喷油器电阻值测量（10 分） | 第一缸电磁喷油器电阻阻值为________Ω，第二缸电磁喷油器电阻阻值为________Ω，第三缸电磁喷油器电阻阻值为________Ω，第四缸电磁喷油器电阻阻值为________Ω | | | | | |
| 3 | 控制线检测（10 分） | 要注意万用表的正确使用，测量电源线的条件电源线是________号线，电压为________ V | | | | | |
| 4 | 喷油时间读取（15 分） | 利用汽车故障诊断仪读取电磁喷油器喷油时间：怠速时喷油时间为________ms；发动机转速为 2000r/min 时，喷油时间为________ms | | | | | |
| 5 | 喷油器波形的检测（30 分） | 画出一个喷油波形 | | | | | |
| 6 | 工作安全、规范操作、时间要求（20 分） | 由考核教师根据学生在整个过程中的表现评分，要进行必要的说明 | | | | | |
| 总分 | 100 分 | | | | | | |
| 考核教师签名 | | | 日期 | | 用时：　　分 | | |

# 4.3　电动燃油泵的检测

## 知识目标

1．了解电动燃油泵的作用、安装位置、结构、工作过程；

2．通过查阅维修资料，会检测电动燃油泵。

## 理论知识

1．电动燃油泵的作用及安装位置

1）作用

电动燃油泵是电动低压泵。燃油以指定的流量和压力抽吸进燃油喷射系统。即使在燃油油位过低和车辆操作过猛的情况下，电动燃油泵仍可向发动机提供恒定流量的燃油。发动机ECU 通过燃油泵继电器控制电动燃油泵的工作。电动燃油泵挠性管用于减少电动燃油泵发出的燃油脉冲和噪声。电控汽油喷射系统压力一般为 0.25～0.35MPa。

2）安装位置

电动燃油泵的安装位置主要有两种，即安装在供油管路中和安装在汽油箱内。其中后者应用非常广泛，电动燃油泵通常用固定在汽油箱上的油泵支架垂直地悬挂在汽油箱内，如图 4-6 所示。

图 4-6　电动燃油泵

### 2. 电动燃油泵的结构及工作过程

1）结构

电动燃油泵主要由泵体、永磁式直流电动机和壳体三部分组成，另外其一般还装有安全阀和单向阀。

2）工作过程

电动燃油泵的工作过程如下：永磁电动机通电即带动泵体旋转，将燃油从进油口吸入，流经电动燃油泵内部，再从出油口压出，为燃油系统供油。由于燃油流经电动燃油泵内部时，会对永磁电动机的电枢起到冷却作用，因此又称湿式燃油泵。

### 3. 电动燃油泵的分类

（1）按安装位置不同，电动燃油泵分为内置式电动燃油泵和外置式电动燃油泵。内置式电动燃油泵安装在汽油箱中，具有噪声小、不易产生气阻、不易泄漏、管路安装简单的优点，现在车辆发动机普遍采用内置式电动燃油泵。

外置式电动燃油泵串接在汽油箱外部的输油管路中，易布置、安装自由大，但其噪声大，易产生气阻，目前已经被淘汰。

（2）按结构不同，电动燃油泵分为涡轮式电动燃油泵、滚柱式电动燃油泵、转子式电动燃油泵和侧槽式电动燃油泵。

### 4. 电动燃油泵的控制原理

电动燃油泵的控制原理如下：当点火开关置于“ON（打开）”位置时，发动机 ECU 使电动燃油泵继电器通电。除非发动机 ECU 检测到点火参考脉冲，否则发动机 ECU 将在 2s 内使电动燃油泵继电器断电。只要检测到点火参考脉冲，发动机 ECU 就会使电动燃油泵继电器继续通电。如果检测到点火参考脉冲中断且点火开关保持在“ON（打开）”位置，则发动机 ECU 将在 2s 内使电动燃油泵继电器断电。

燃油泵的拆装根据车型的不同，拆装方法也有所区别。

## 知识拓展

1. 燃油压力异常对发动机的影响

当燃油压力过高时，在电磁喷油器打开时间相同的情况下，喷油量偏高，混合气偏浓，会导致发动机怠速高， 燃油燃烧不充分，动力不足，排气筒冒黑烟甚至没有完全燃烧的混合气在排气管再次燃烧造成排气喷火。

当燃油压力低时，在电磁喷油器打开时间相同的情况下，喷油量偏低，混合气偏稀，会使发动机工况差，怠速不稳，加速无力，发动机抖动。

2. 燃油压力的测量

燃油压力的测量步骤如下：

（1）在维修燃油系统前，检查发动机是否快速测压接头，如果没有，则拆下燃油箱盖并释放燃油系统压力，以减小人员受伤的风险。释放燃油系统压力后，在维修燃油管路、喷油泵或接头时，会溢出少量燃油。为降低人身伤害的风险，在断开前用抹布盖住燃油系统部件。抹布可以吸附泄漏的燃油。完成断开连接后，将抹布放入许可的容器内即可。

（2）将油压表连接到燃油分配管上，如图 4-7 所示。

（3）起动发动机，读取油压表数据，发动机运行过程中油压大约在 0.25MPa。

（4）短接油泵电源，使油泵在发动机不运行的情况下工作，此时油压约为工作油压的 2～3 倍，即 0.5～0.75MPa。

（5）关闭点火开关 5min 后，油压值应大于 340kPa，若压力下降过快，则喷油器有泄漏或油泵单向阀密封不严。

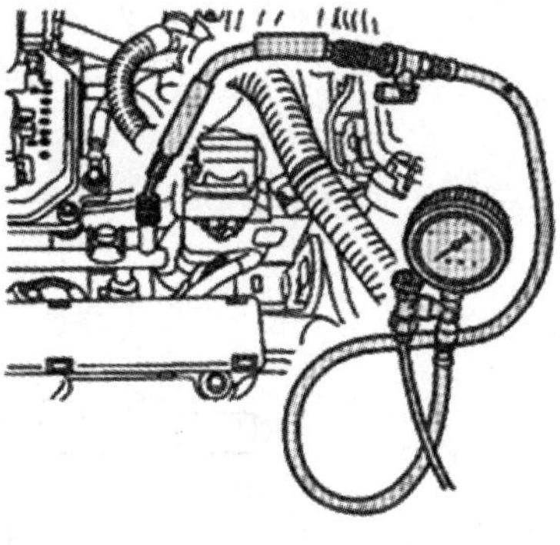
图 4-7　油压表的连接

**注意：**

（1）开机前，确保各元件之间的连接良好，以免出现故障。

（2）保持仪器及测量连线与汽车的运动部件（如传动带、风扇、齿轮等）有一定距离。

（3）禁止用导电物体使电池的正负电极短路。

（4）防止仪器被冷却液、水、油或其他液体弄湿。

（5）不得在测量过程中随意起动或加速，应严格按照测量要求进行。

（6）按要求拆下油压表，安装好油管。

（7）使用完毕后，应将所有的接头、测量仪器完整保存。

## 技能训练

### 训练3 电动燃油泵的认识与检测

1. 实操准备

本训练需准备的设备和资料如表4-11所示。

表4-11 本训练需准备的设备和资料

| 设备准备 | 资料准备 |
|---|---|
| 2014款五菱荣光1.2L汽车、万用表、汽车故障诊断仪 | 2014款五菱荣光维修手册 |

2. 电路原理图

电动燃油泵的电路原理图如图4-8所示。

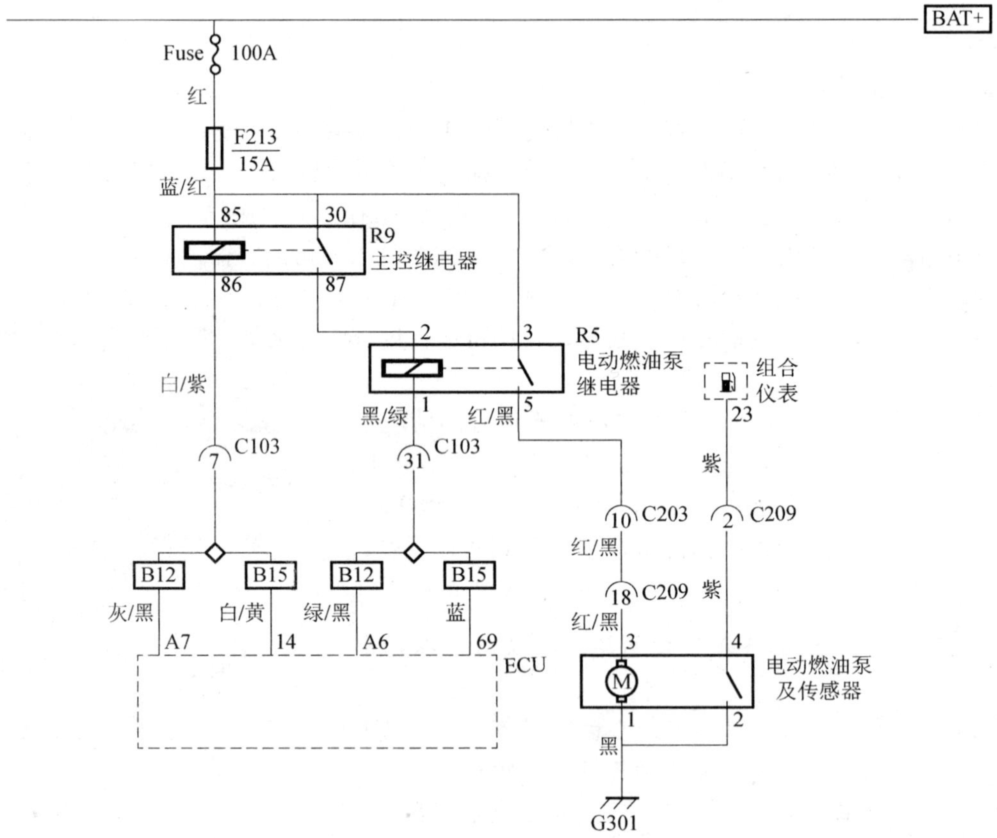


图4-8 电动燃油泵的电路原理图

3. 根据电路原理图完成以下填空

（1）电动燃油泵的电源线是________号线，颜色是________；搭铁线是________号线，颜色是________。

（2）电动燃油泵继电器有_________个端子，分别是_________号端子，颜色分别是________。

4. 找实物

在汽车上找到电动燃油泵和电动燃油泵继电器的安装位置，确认其接线是否与电路原理图一致。

5. 静态检测

（1）拔下电动燃油泵的连接器，点火开关置于“ON”位置，用万用表测量其电压值，并填写表 4-12。

表 4-12　电动燃油泵电压值的测量

| 电动燃油泵／端子 | 实测电压值 | 标准值 | 测量结果判断 |
|---|---|---|---|
| | | | |
| | | | |

（2）测量电动燃油泵的电阻值，并填写表 4-13。

表 4-13　电动燃油泵电阻的测量

| 实测电阻值 | 标准值 | 测量结果判断 |
|---|---|---|
| | | |

（3）将点火开关置于“OFF”位置，对拔下的电动燃油泵的连接器进行搭铁线检测，并填写表 4-14。

表 4-14　电动燃油泵搭铁线的检测

| 电动燃油泵／端子 | 实测值 | 标准值 | 测量结果判断 |
|---|---|---|---|
| | | | |
| | | | |

6. 动态检测（可以由教师预先设置故障）

（1）起动发动机，并使发动机处于怠速运行状态，测量其电压值，并填写表 4-15。

表 4-15　电动燃油泵电压值的测量

| 电动燃油泵／端子 | 实测电压值 | 标准值 | 测量结果判断 |
|---|---|---|---|
| | | | |
| | | | |

（2）使用汽车故障诊断仪读取故障码及相关数据流，并填写表 4-16。

表 4-16　故障码及相关数据流的读取

| 故障代码及含义 | | | |
|---|---|---|---|
| 数据流参数 | 数据流大小（或范围） | 单位 | 变化情况 |
| 发动机转速 | | | |
| 进气歧管压力 | | | |
| 喷油时间 | | | |

## 考核评价

1. 学生互检

小组内，学生互相考核与讨论，主要内容：①对着发动机台架上的电路图，说明电动燃油泵控制电路的工作过程；②在发动机台架上找到电动燃油泵，说明其作用。

2. 教师抽查

由教师抽查部分学生，考核的内容：①测量电动燃油泵的电阻阻值；②测量电动燃油泵的电源电压，判断其是否正常；③检测电动燃油泵的搭铁线是否良好；④电动燃油泵继电器的检测。考核中要边测量边填写考核表（表 4-17）。

表 4-17　电动燃油泵的认识与检测考核评价表

| 被考核人信息 | | 班级 | | 姓名 | | 学号 | |
|---|---|---|---|---|---|---|---|
| 序号 | 项目及配分 | 考核记录 | | | | | 教师评价 |
| 1 | 电动燃油泵电路（30 分） | 由学生对着发动机台架电路板画出电动燃油泵控制电路图，并注明各线的标号 | | | | | |
| 2 | 电动燃油泵电阻阻值的测量（10 分） | 正确使用万用表，万用表的电阻挡用最小挡位；<br>电动燃油泵电阻阻值为________Ω | | | | | |
| 3 | 电动燃油泵电源电压的测量（15 分） | 要注意万用表的使用，以及检测电源线的条件；<br>电源线是________号线，电压为________V | | | | | |
| 4 | 电动燃油泵搭铁线的检测（15 分） | 搭铁线是________号线，对地电阻阻值为________Ω | | | | | |
| 5 | 电动燃油泵继电器的检测（10 分） | 继电器线圈的电阻阻值________Ω | | | | | |
| 6 | 工作安全、规范操作、时间要求（20 分） | 由考核教师根据学生在整个过程中的表现评分，要进行必要的说明。 | | | | | |
| 总分 | 100 分 | | | | | | |
| 考核教师签名 | | | 日期 | | 用时：　　分 | | |

## 课后练习

### 一、填空题

1．喷油量的控制是 ECU 根据传感器信号发动机工况，从而控制喷油器电磁阀持续________时间的来实现________的。

2．发动机在正常运转工况下，ECU 主要根据________和________来计算基本喷油量。

3．电磁喷油器的结构主要________、________、电源插头、滤网、密封圈、壳体等组成。

4．目前电磁喷油器主要有________、________和________三种。

5．喷油量包括________、________和________三部分，三部分之和为总喷油量。

6．电动燃油泵主要是由泵体、________和壳体三部分组成。

7．电动燃油泵的安装位置主要有两种，即安装在________和安装在________。

8．电动燃油泵有两个阀，分别是________和________。

9．空燃比是衡量混合气浓度的一种指标，是指混合气中________与________的质量比。

10．电磁喷油器按喷孔的数目可分为________、________及________三种。________喷油器得到了广泛应用。

### 二、判断题

1．发动机大负荷和加速工况需要较稀的混合气，便于充分燃烧。（　　）

2．汽油机燃油供给系统包括电子控制汽油喷射系统、燃油供给系统。（　　）

3．所有汽车燃油泵的拆装方法都是一样的。（　　）

4．发动机熄火后，燃油管路的油压要立即降到零油压。（　　）

5．按结构不同，电动燃油泵分为涡轮式、滚柱式、转子式和侧槽式。（　　）

6．喷油量的控制分为起动喷油控制、正常运转喷油控制、反馈控制、断油控制和混合比学习控制等。（　　）

7．缸外喷射的汽油发动机燃油喷射系统均采用轴针式电磁喷油器。（　　）

8．浓混合气是 $A/F<14.7$，或 $\alpha<1$ 时的混合气。（　　）

9．燃油压力低时，在电磁喷油器打开时间相同的情况下，喷油量偏低，混合气偏稀，会使发动机工况差，怠速不稳，加速无力，发动机抖动。（　　）

10．燃油压力过高，在电磁喷油器打开时间相同的情况下，喷油量偏低，混合气偏稀，会使发动机工况差，怠速不稳，加速无力，发动机抖动。（　　）

### 三、选择题

1．下面不属于电磁喷油器零部件的是（　　）。

A．磁线圈　　B．衔铁　　C．限压阀　　D．滤网

2．电动燃油泵的电阻阻值为（　　）Ω。

A．1～5　　B．6～10　　C．11～15　　D．16～20

3．标准的空燃比是（　　）。

A．10.7　　B．14.7　　C．20.7　　D．24.7

4．电磁喷油器的电阻阻值为（　　）Ω。

A．0.6～3　　B．3～7　　C．12～17　　D．21～25

5．2014 款五菱荣光 1.2L 汽车的燃油泵继电器有（　　）端子。

A．3　　B．4　　C．5　　D．6

6．缸外喷射的汽油发动机，其电磁喷油器安装在靠近（　　）的位置。

A．节气门　　B．空气滤清器　　C．进气歧管　　D．进气歧管

7．如果燃油压力下降过快，则会导致喷油器有泄漏或（　　）。

A．油箱盖故障　　B．燃油泵安全阀故障

C．燃油泵单向阀故障　　D．点火开关故障

8．电动燃油泵的工作电压为（　　）V。

A．5　　B．6　　C．12　　D．24

9．电磁喷油器的的工作电压为（　　）V。

A．24　　B．12　　C．6　　D．5

10．电控汽油喷射系统压力一般为（　　）。

A．0.25～0.35Pa　　B．0.25～0.35MPa　　C．0.25～0.35kPa　　D．0.025～0.035MPa

## 四、问答题

1．什么是发动机的超速断油控制？

2．燃油压力异常对发动机的影响有哪些？

3．写出电磁喷油器的工作过程。

4．写出测量燃油压力的步骤。

# 模块 5　检测转速传感器

学习目标

1. 了解转速传感器的组成和工作过程；
2. 掌握转速传感器的作用、分类、安装位置和检测方法；
3. 能看懂电路图，并根据电路图找到对应实物；
4. 能够对整体维修工作进行小结。

## 5.1　磁感应式转速传感器的检测

### 知识目标

1. 了解磁感应式转速传感器的结构、工作原理和线路连接；
2. 掌握磁感应式转速传感器的检测方法。

### 理论知识

1. 转速传感器的基本知识

1）转速传感器的作用

所谓转速传感器，是检测汽车上各类转动部件运转情况的传感器的统称，其大致的功能主要包括两个方面：一是，检测运动部件的转速或转角；二是，判定运动部件的转动位置。一旦这些转速传感器出现故障，势必会对汽车的性能产生不同程度的负面影响。

2）转速传感器的分类

按照工作原理的不同，通常可以将转速传感器分为磁感应式转速传感器、霍尔式转速传感器和光电式转速传感器等。目前发动机上主要应用的转速传感器以磁感应式转速传感器、霍尔式转速传感器为主，本模块重点介绍这两种类型的转速传感器。

3）转速传感器的安装位置

在发动机上的主要应用的转速传感器是曲轴位置传感器和凸轮轴位置传感器。其中曲轴位置传感器安装在曲轴前端靠近带轮处或飞轮壳上，凸轮轴位置传感器安装在凸轮轴的前端或后端。

2. 磁感应式转速传感器的结构与工作原理

磁感应式转速传感器是利用电磁感应原理制成的，如图 5-1 所示。当信号转子转动时，信号转子的凸齿与软磁铁芯的空气隙发生变化，使通过传感线圈的磁通发生变化，因此传感线圈中便产生交变电动势。这个连续交变的电动势属于模拟信号，需要信号处理电路（模/数转换）对其进行信号处理，将其变成数字信号后，ECU 就可以据此计算出转速。

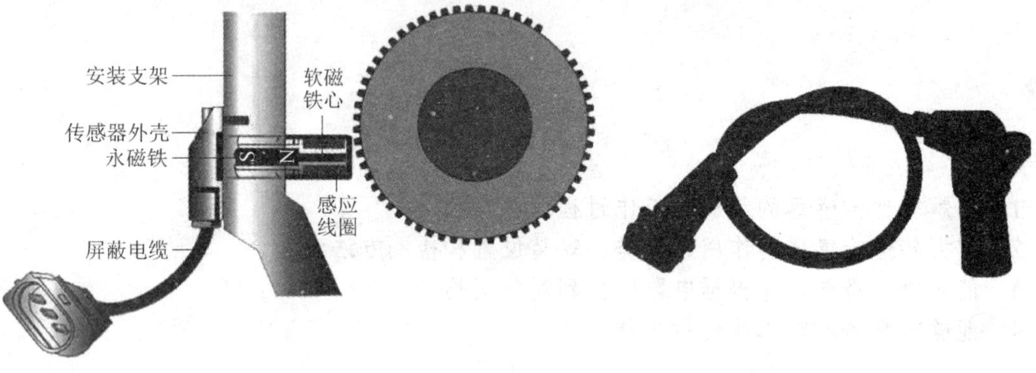


图 5-1 磁感应式转速传感器

磁感应式转速传感器不需要外供电源，因此传感线圈引出两个端子即可。但在有些车辆上，为了防止信号的干扰，会在磁感应式转速传感器传感线圈的外围加上屏蔽的金属接地线，这样的传感器就有三个端子。

1）构成

磁感应式转速传感器由磁路系统、感应线圈等组成。

（1）磁路系统：用于产生恒定直流磁场。为了减小传感器的体积，一般采用永久磁铁。

（2）感应线圈：由它运动切割磁力线产生感应电动势。

一个完整的磁感应式电磁传感器，除了磁路系统和线圈外，还有一些其他元件，如壳体、支承、阻尼器、接线装置等。

2）工作原理

磁感应式转速传感器的工作原理如图 5-2 所示，具体如下：感应线圈、永久磁铁静止不动,测量齿轮安装在被测旋转体上，随被测旋转体一起转动。其每转动一个齿，齿的凹凸引起磁路磁阻变化一次，磁通也就变化一次，感应线圈中产生感应电动势。当发动机运行时，触发轮与传感器之间的间隙周期性变化，磁通量也会以同样的周期变化，从而在感应线圈中感应出近似正弦波的电压信号。

3. 磁感应式转速传感器的检测

1）电阻的检测

磁感应式转速传感器没有电源线，传感器连接器一般会有三个接线端子，其中两根信号线，一根屏蔽线，检测两根信号线，可以检测传感器的线圈电阻，从而判断是否存在短路或断路，阻值的大小因车型而异，具体数值参阅相关维修手册。

2）信号波形的检测

（1）将示波器的输入端子与传感器的信号输出端子相连接。

（2）起动发动机，观察示波器显示的传感器信号输出端子的电压波形，正常的波形应如图 5-3 所示。

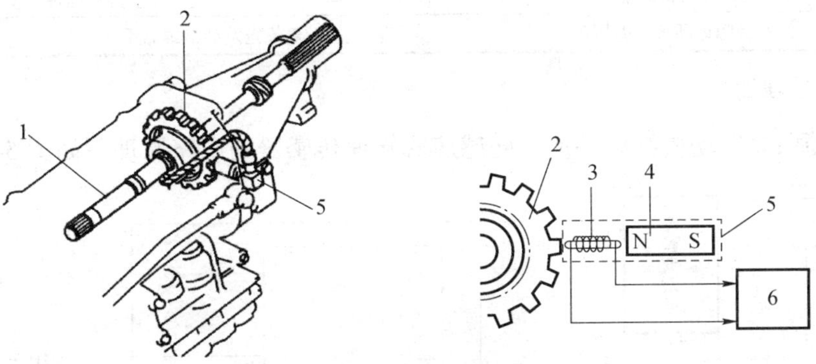


图 5-2　磁感应式转速传感器的工作原理

1—输出轴；2—停车锁止齿轮；3—感应线圈；4—永久磁铁；5—转速传感器；6—ECU

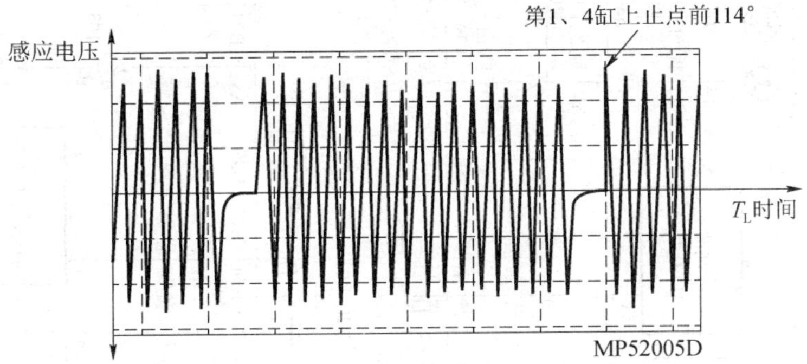


图 5-3　磁感应式转速传感器正常的波形

（3）用万用表交流电压挡测量起动电压应不低于 0.1～0.2V。

如果无信号电压波形或波形不正常，应检查或更换发动机转速传感器。

3）气隙的检测

信号轮凸齿与传感器头之间的间隙称为气隙。气隙的大小影响磁回路的磁阻，进而影响感应线圈输出的信号电压，因此，在传感器使用过程中，该间隙不能随意变动。气隙如有变化，必须按规定进行调整。在不同车系上，气隙的值大小各有不同，一般为 0.2～0.4mm，测量时可使用不导磁的塑料塞尺。

## 技能训练

### 训练 1　磁感应式转速传感器的认识与检测

1. 实操准备

本训练需准备的设备和资料如表 5-1 所示。

**表 5-1　本训练需准备的设备和资料**

| 设备准备 | 资料准备 |
| --- | --- |
| 五菱荣光发动机、汽车故障诊断仪、万用表 | 五菱荣光发动机维修手册 |

2. 电路原理图

查找五菱荣光发动机维修手册，磁感应式转速传感器的电路原理图如图 5-4 所示。

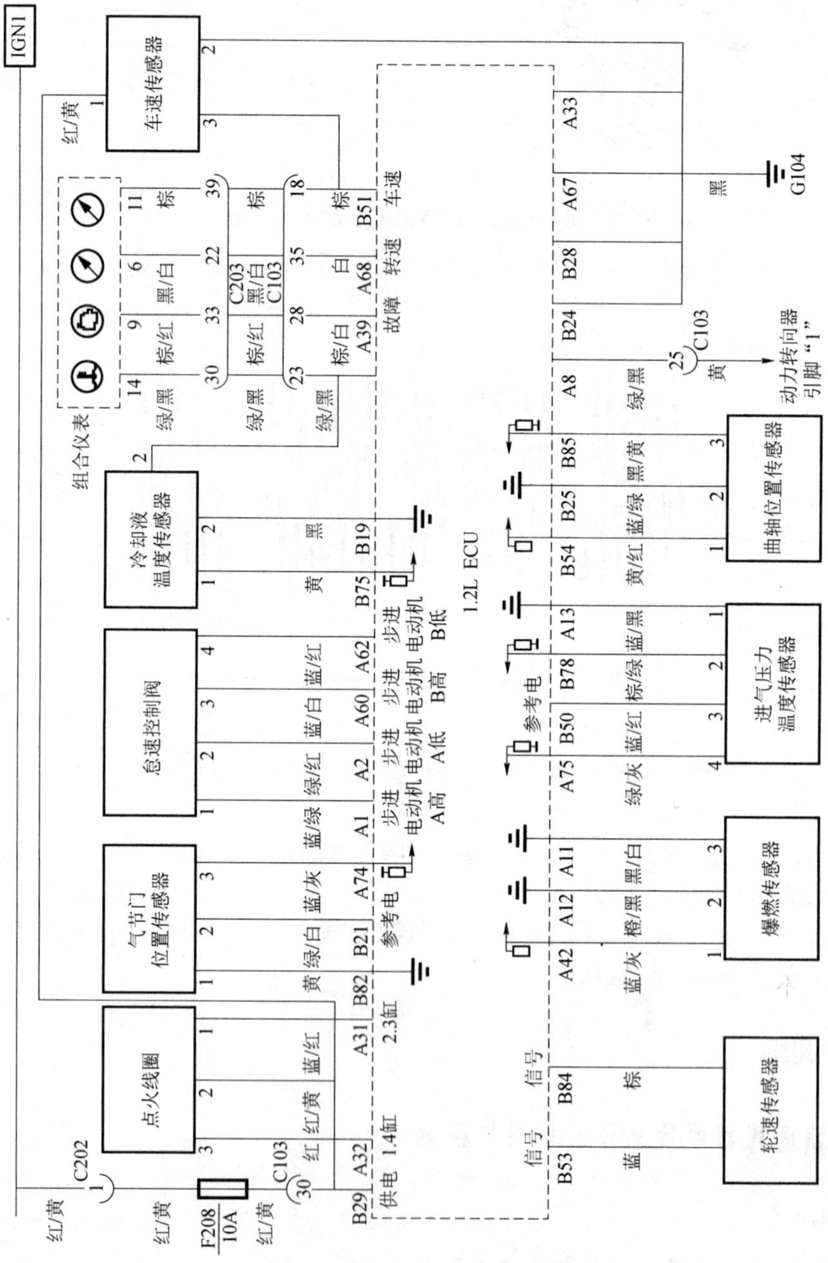


图 5-4　磁感应式转速传感器的电路原理图

3. 根据电路原理图完成以下填空

（1）磁感应式转速传感器________（填有或无）电源线，信号线与控制模块的________号端子相连。

（2）磁感应式转速传感器共有________根线，分别是________，________线。

（3）车上磁感应式转速传感器的安装位置在________。

（4）检测磁感应式转速传感器，填写表 5-2。

**表 5-2　磁感应式转速传感器的检测**

| 序号 | 检测内容 | 检测结果 | 标准范围 | 结果判断 |
|---|---|---|---|---|
| 1 | 用万用表测量线圈的阻值 | | | |
| 2 | 用万用表测量传感器信号 | | | |

（5）用示波器检测，并将结果画入以下图框中。

## 考核评价

1. 学生互检

小组内，学生互相考核与讨论，主要内容：①对着发动机台架上的电路原理图，说明磁感应式转速传感器的电路；②在发动机台架上找到磁感应式转速传感器，说明其作用。

2. 教师抽查

由教师抽查部分学生，考核的内容：①测量磁感应式转速传感器的电阻；②测量磁感应式转速传感器的信号电压（万用表或汽车故障诊断仪）；③检测磁感应式转速传感器的信号波形。考核中要边测量边填写考核表（表 5-3）。

表 5-3　磁感应式转速传感器的认识与检测考核评价表

| 被考核人信息 | | 班级 | | 姓名 | | 学号 | |
|---|---|---|---|---|---|---|---|
| 序号 | 项目及配分 | 考核记录 | | | | | 教师评价 |
| 1 | 磁感应式转速传感器电路（30 分） | 由学生对着发动机台架电路板画出磁感应式转速传感器电路图，并注明各线的标号 | | | | | |
| 2 | 磁感应式转速传感器电阻的测量（10 分） | 磁感应式转速传感器的电阻阻值为________Ω | | | | | |
| 3 | 磁感应式转速传感器信号电压的测量（15 分） | 要注意万用表挡位的选择，应选用交流电压挡；<br>发动机怠速时，电压为________V<br>发动机转速为 2000 转/分时，电压为________ V | | | | | |
| 4 | 磁感应式转速传感器信号波形的测量（25 分） | 画出发动机怠速时的信号波形： | | | | | |
| 5 | 工作安全、规范操作、时间要求（20 分） | 由考核教师根据学生在整个过程中的表现评分，要进行必要的说明。 | | | | | |
| 总分 | 100 分 | | | | | | |
| 考核教师签名 | | | 日期 | | | 用时：　　分 | |

# 5.2　霍尔式转速传感器的检测

## 知识目标

1．了解霍尔式转速传感器的结构、工作原理和线路连接；

2．掌握霍尔式转速传感器的检测方法。

## 理论知识

1．霍尔式转速传感器的结构与工作原理

1）结构

霍尔式转速传感器的结构如图 5-5 所示。霍尔式转速传感器的主要组成部分是传感头和齿圈，传感头由霍尔元件、永磁体和电子电路组成。

2）工作原理

霍尔式转速传感器的原理是霍尔效应，也就是当转动的金属部件通过霍尔元件的磁场时会引起电势的变化，通过对电势的测量就可以得到被测量对象的转速值。

霍尔式转速传感器在测量机械设备的转速时，被测量机械的金属齿轮、齿条等运动部件会经过传感器的前端，引起磁场的相应变化，当运动部件穿过霍尔元件产生磁力线较为分散的区域时，磁场相对较弱；当其穿过产生磁力线较为集中的区域时，磁场相对较强。霍尔式转速传感器就是通过磁力线密度的变化，在磁力线穿过传感器上的感应元件时，产生霍尔电势。霍尔转速传感器的霍尔元件在产生霍尔电势后，会将其转换为交变电信号，最后传感器的内置电路会将信号调整和放大，输出矩形脉冲信号。

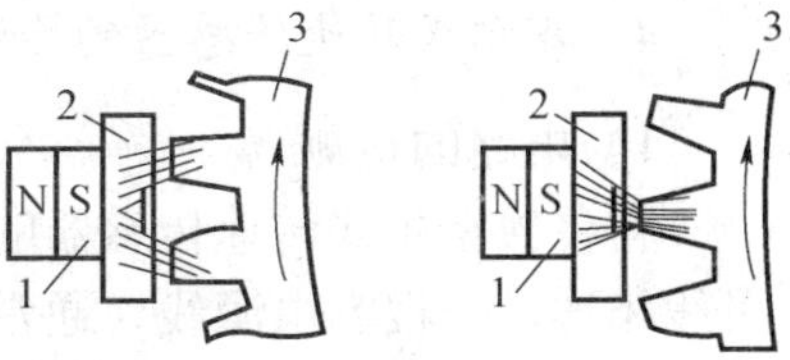

图 5-5　霍尔式转速传感器的结构

1—永磁体；2—霍尔元件；3—齿圈

2. 霍尔式转速传感器的应用

霍尔式转速传感器的测量必须配合磁场的变化，因此在利用其测量非铁磁材质的设备时，需要事先在旋转物体上安装专门的导磁物质，用以改变传感器周围的磁场，这样霍尔式转速传感器才能准确地捕捉到物质的运动状态。霍尔式转速传感器主要应用于齿轮、齿条、凸轮和特质凹凸面等设备的运动转速测量。高转速磁敏电阻转速传感器除了可以测量转速以外，还可以测量物体的位移、周期、频率、转矩、机械传动状态和测量运行状态等。

霍尔式转速传感器目前在工业生产中的应用很广泛，如电力、汽车、航空、纺织和石化等领域，都采用霍尔式转速传感器来测量和监控机械设备的转速状态，来实施自动化管理与控制。霍尔式转速传感器在工作时需要的电源电压通常为 5～12V。

3. 霍尔式转速传感器的优势及安装位置

霍尔式转速传感器的优势主要有三个：一是，霍尔式转速传感器的输出信号不会受到转速值的影响；二是，霍尔式转速传感器的频率较高；三是，霍尔式转速传感器对电磁波的抗干扰能力强。因此霍尔式转速传感器多应用在控制系统的转速检测中。

霍尔式转速传感器的测量结果精确、稳定，输出信号可靠，可以防油污、防潮，并且能在温度较高的环境中工作，普通霍尔式转速传感器的工作温度可以达到 100℃。另外，霍尔式转速传感器的安装简单，使用方便，能实现远距离传输。

霍尔式转速传感器在科鲁兹发动机中的安装位置如图 5-6 所示。科鲁兹发动机采用双凸轮轴的 DVVT 可变气门控制系统，进、排气凸轮轴都安装有凸轮轴位置传感器。科鲁兹霍尔式转速传感器如图 5-7 所示。

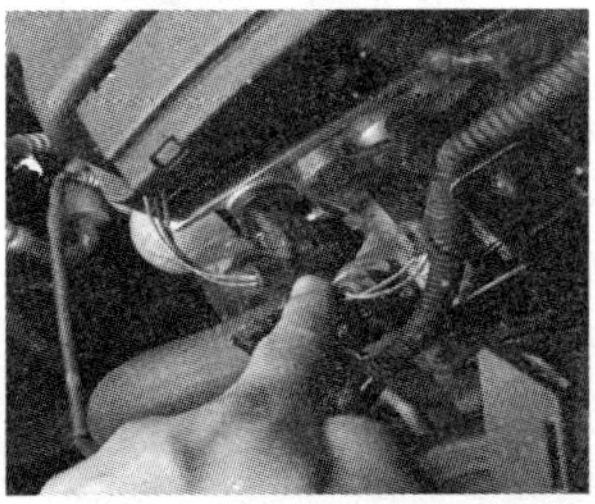
图 5-6　霍尔式转速传感器在科鲁兹发动机中的安装位置

图 5-7　科鲁兹霍尔式传感器

4. 霍尔式转速传感器的检测

1）电路的检测

科鲁兹霍尔式转速传感器的电路如图 5-8 所示，霍尔式曲轴位置传感器与 ECU 由三根引线相连，一根为电源线（通常为 8V 或 12V），一根为信号线（通常为 5V、8V 或 12V），一根为搭铁线。

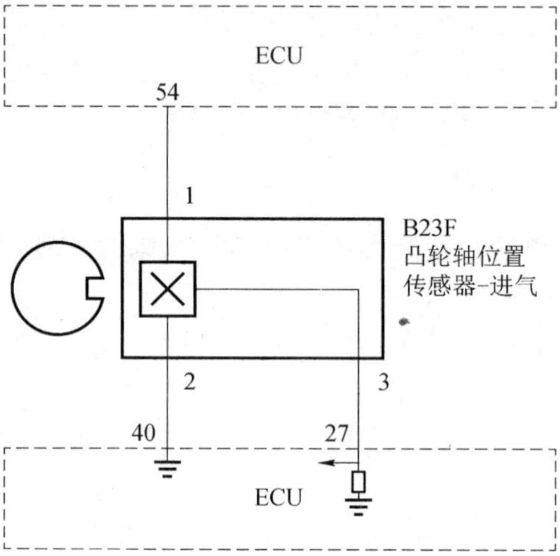


图 5-8 科鲁兹霍尔式转速传感器的电路

2）信号波形的检测

霍尔式转速传感器的信号电压随转速变化而改变的电压值不明显，因此应对传感器的波形进行检测，步骤如下：

（1）将示波器的端子分别与传感器的信号输出端子 B 和搭铁相连接；

（2）起动发动机，观察示波器显示的传感器信号输出端子 B 的电压波形，正常的波形应如图 5-9 所示。

图 5-9 霍尔式转速传感器正常的波形

如果无信号电压波形或波形不正常，应检查或更换发动机转速传感器。

3）气隙的检测

霍尔式转速传感器气隙的检测与 5.1 节中磁感应式转速传感器气隙的检测方法相同，这里不再详细说明。

## 技能训练

### 训练 2 霍尔式转速传感器的认识与检测

1. 实操准备

本训练需准备的设备和资料如表 5-4 所示。

**表 5-4　本训练需准备的设备和资料**

| 设备准备 | 资料准备 |
| --- | --- |
| 五菱荣光发动机、汽车故障诊断仪、万用表 | 五菱荣光发动机修手册 |

## 2. 电路原理图

查找五菱荣光发动机维修手册，霍尔式转速传感器的电路原理图如图 5-10 所示。

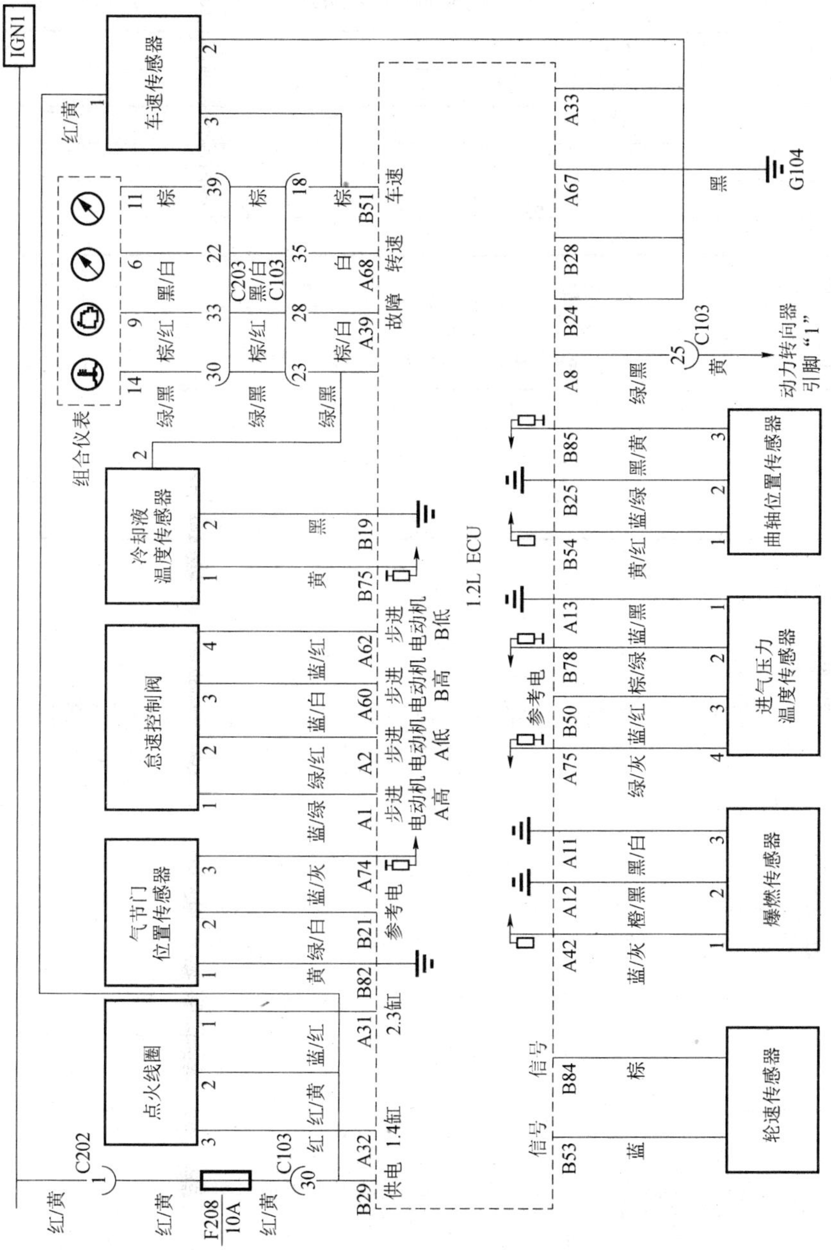


图 5-10　霍尔式转速传感器的电路原理图

3. 根据电路原理图完成下面的填空

(1)霍尔式转速传感器共有________根线，分别是________线、________线、________线，信号线与 ECU 的________号端子相连。

（2）汽车霍尔式转速传感器的安装位置是________。

（3）确定霍尔式转速传感器的检测内容与方法，填写表 5-5。

**表 5-5　检测内容与方法表**

| 序号 | 检测内容与方法 | 标准范围 | 结果判断 |
| --- | --- | --- | --- |
| 1 | | | |
| 2 | | | |
| 3 | | | |
| 4 | | | |
| 5 | | | |

（4）按照表 5-5 中的内容进行实施，将静态检测法所测得的数据填入表 5-6 中。

**表 5-6　静态检测法的测量数据**

| 传感器引脚号 | 实测电压值或端子间电阻 | 标准值 | 结果判断 |
| --- | --- | --- | --- |
| 1 | | | |
| 2 | | | |
| 3 | | | |

## 考核评价

1. 学生互检

小组内，学生互相考核与讨论，主要内容：①利用维修手册找到霍尔式转速传感器的电路，说明其工作过程；②在发动机上找到霍尔式转速传感器，说明其作用。

2. 教师抽查

由教师抽查部分学生，考核的内容：①检测霍尔式转速传感器的电源是否正常，搭铁是否良好；②测量霍尔式转速传感器的信号电压（万用表或汽车故障诊断仪）；③检测霍尔式转速传感器的信号波形。考核中要边测量边填写考核表（表 5-7）。

**表 5-7　霍尔式转速传感器的认识与检测考核评价表**

| 被考核人信息 | | 班级 | | 姓名 | | 学号 | |
| --- | --- | --- | --- | --- | --- | --- | --- |
| 序号 | 项目及配分 | 考核记录 | | | | | 教师评价 |
| 1 | 霍尔式转速传感器电路(30 分) | 由学生对着发动机台架电路板画出霍尔式转速传感器电路图，并注明各线的标号 | | | | | |

续表

<table>
<tr><td colspan="2">被考核人信息</td><td>班级</td><td></td><td>姓名</td><td></td><td>学号</td><td></td></tr>
<tr><td>序号</td><td>项目及配分</td><td colspan="5">考核记录</td><td>教师评价</td></tr>
<tr><td>2</td><td>传感器电源线、搭铁线的检测（20 分）</td><td colspan="5">电源线是________号线，电压为________V；<br>搭铁线是________号线，对地电阻为________Ω</td><td></td></tr>
<tr><td>3</td><td>霍尔式转速传感器信号电压的测量（15 分）</td><td colspan="5">要注意万用表挡位的选择，应选用直流电压挡；<br>发动机怠速时，电压为________V；<br>发动机转速为 2000r/min 时，电压为________V</td><td></td></tr>
<tr><td>4</td><td>霍尔式转速传感器信号波形的检测（25 分）</td><td colspan="5">画出发动机怠速时的信号波形：</td><td></td></tr>
<tr><td>5</td><td>工作安全、规范操作、时间要求（10 分）</td><td colspan="5">由考核教师根据学生在整个过程中的表现评分，要进行必要的说明。</td><td></td></tr>
<tr><td>总分</td><td>100 分</td><td colspan="6"></td></tr>
<tr><td colspan="2">考核教师签名</td><td colspan="2"></td><td>日期</td><td></td><td colspan="2">用时：　　分</td></tr>
</table>

## 课后练习

### 一、填空题

1. 转速传感器可分为________、________和光电式三种类型。
2. 发动机 ECU 利用曲轴位置传感器信号控制________、________、________、________和________。
3. 凸轮轴位置传感器信号的作用是________。

### 二、判断题

1. 转速传感器的信号只作为喷油正时控制的主控制信号。（　　）
2. ECU 根据转速传感器的信号来确定发动机转速。（　　）
3. 电磁感应式转速传感器产生的信号抗干扰能力较强。（　　）
4. 五菱荣光 1.2L 发动机使用霍尔式曲轴位置传感器。（　　）
5. 发动机点火顺序的判断依据的是转速传感器的信号。（　　）

### 三、选择题

1. 下列关于电磁感应式转速传感器的说法不正确的是（　　）。
   A．电磁感应式转速传感器主要由转子、永磁铁、铁芯、感应线圈等组成
   B．电磁感应式转速传感器传感器头与转子之间的间隙要符合规定
   C．电磁感应式转速传感器测量的转速信号比霍尔式转速传感器测量的要准确
   D．电磁感应式转速传感器产生的是正弦波信号

2．下列关于电磁感应式转速传感器的测量不正确的是（　　）。

A．可用万用表欧姆挡测量传感器感应线圈的电阻值

B．转动转子时可用万用表交流电压挡测量传感器的输出信号

C．转动转子时可用万用表直流电压挡测量传感器的输出信号

D．转动转子时不可用万用表欧姆挡测量传感器的输出信号

3．关于霍尔式转速传感器说法正确的是（　　）。

A．输出信号为正弦波　　B．不需要工作电源

C．传感头与转子间没有间隙要求　　D．输出数字信号

4．下列关于五菱荣光 1.5L 发动机的转速传感器说法正确的是（　　）。

A．传感器为两线式：一根信号线、一根搭铁线

B．传感器为电磁感应式

C．产生的信号为矩形波

D．可用万用表测量传感器的电阻值判断其好坏

5．曲轴位置传感器的信号用于（　　）。

A．判断 1 缸压缩上止点　　B．识别爆燃

C．监测凸轮轴转速　　D．决定点火和喷油时刻

## 四、问答题

1．简述使用万用表检测电磁感应发动机转速传感器的方法。

2．简述霍尔式曲轴位置传感器的检测方法。

# 模块 6　检测温度传感器

学习目标

1. 了解温度传感器的作用、分类、安装位置、接线方式和检测方法；
2. 了解温度传感器的结构和工作原理；
3. 能看懂电路图，并根据电路图找到对应实物；
4. 能够对整体维修工作进行小结。

## 温度传感器的认识及检测

### 理论知识

1. 冷却液温度传感器

1）作用、结构与工作原理

冷却液温度传感器（THW）属于负温度系数传感器，其电阻值随温度的增加而下降，其作用是检测发动机冷却液温度。冷却液温度传感器的外壳是全封闭的，利用电阻值的变化来检测水温。将冷却液温度传感器产生的信号电压值输入到 ECU，ECU 根据冷却液温度判定发动机工况，修正喷油量、点火时刻、怠速，保证发动机在不同工况下正常运转。冷却液温度低时，会导致喷油量增加，点火提前角、怠速高。冷却液温度传感器安装位置主要在气缸盖上，如图 6-1 所示。

图 6-1　冷却液温度传感器在发动机上的安装位置

汽车冷却液温度传感器工作性能的好坏对发动机的喷油量有很大影响，进而影响发动机的燃烧性能。当混合气过浓或过稀时，发动机的燃烧情况变坏，会导致发动机不易起动，运转不平稳，这时应检查冷却液传感器。

汽车冷却液温度传感器的内部是一个半导体热敏电阻，温度越低，阻值越大；反之阻值越小。该传感器安装在发动机缸体或缸盖的水套上，与冷却水直接接触，从而测得发动机冷却水的温度。ECU 根据这一变化测得发动机冷却水的温度，作为燃油喷射和点火正时的修正信号。简单地说，就是人们可以通过发动机冷却液的温度了解汽车的运行状态，如停止或运动等。

汽车冷却液传感器一般由垫圈、传感器、导线接头三部分组成，传感器有两根线，一根为信号线，另一根为搭铁线，都与发动机 ECU 连接。

2）汽车冷却液温度传感器的检测

（1）用万用表检测汽车冷却液温度传感器。

① 在车检测。将点火开关关闭，拆下传感器的连接器，用汽车专用万用表的 $R\times1$ 挡，测量传感器两端子的阻值。以某车型的冷却液温度传感器和 E2 端子为例，不同温度下测得的电阻值如表 6-1 所示。由该表可知汽车冷却液温度传感器的电阻值与温度的高低成反比。

**表 6-1　某车型冷却液温度传感器不同温度测得的电阻值**

| 温度（℃） | 0 | 20 | 40 | 60 | 80 |
|---|---|---|---|---|---|
| 电阻值（kΩ） | 4～7 | 2～3 | 0.9～1.3 | 0.4～0.7 | 0.2～0.4 |

② 单件检测。首先拆下汽车冷却液温度传感器导线连接器，然后从发动机上拆下传感器。将传感器置于烧杯内的水中，加热杯中的水。随着温度逐渐升高，用万用表电阻挡测量传感器的电阻值，将测得的值与标准值相比较，若不符合，应更换汽车冷却液温度传感器。

3）冷却液温度传感器的失效保护

冷却液温度信号超出范围，如低温低于-40℃，此时信号电压输出接近于 0V；高温高于 140℃，此时信号电压输出接近 5V。在以上两种情况下，自诊断系统判定为故障，将故障代码存储为存储器内故障码。

当冷却液温度信号超出范围时，ECU 不采纳，此时失效保护程序采用固定值 80℃，刚起动时用进气温度信号代替，每运转 20s，使冷却液温度升高 1℃，直至 90℃。

冷却液温度传感器失效将会使发动机起动困难、怠速不稳、油耗增加、污染增大。

若传感器信号在输出范围内，则无论它与实际温度是否相符，ECU 都不视为故障，有故障现象而没有故障码。

2. 进气温度传感器

1）安装位置与原理

进气温度传感器（THA）也属于负温度系数传感器，电阻值随温度的增加而下降，安装在空气滤清器的壳体内或稳压箱内、空气流量计内或进气歧管上，用来检测发动机吸入空气的温度。进气温度的变化会影响空气密度，对热线、热膜的冷却强度及混合气的雾化程度等都产生影响，进气温度传感器正是提供信号对这种影响进行修正。当进气温度低时，将导致喷油量增加，点火推迟。如图 6-2 所示，有些车型将进气温度传感器与进气歧管压力传感器安装在一起。如果发动机使用的空气测量传感器是空气流量计，则进气温度传感器和空气流量计安装在一起。

图 6-2　进气温度传感器在发动机上的安装位置

2）进气温度传感器的故障现象及检测

故障现象：起动困难、怠速不稳、尾气排放超标。

故障分析：进气温度传感器搭铁线接触不良，数据流会显示异常低温，低温空气密度高，会加大喷油脉宽，造成混合气过浓。传感器短路，数据流会显示异常高温，高温空气密度低，会减少喷油脉宽，造成混合气过稀。进气温度传感器温度越高混合气越浓，传感器断路或搭铁不良会造成混合气过稀，导致发动机起动困难。

电阻检测：单件检测时，点火开关置于“OFF”位置，拔下进气温度传感器导线连接器，并将传感器拆下，用电热吹风机、红外线灯或热水加热进气温度传感器，用万用表欧姆挡测量在不同温度下两端子间的电阻值，将测量的电阻值与标准值进行比较，如果与标准值不符，则应更换进气温度传感器。

3）进气温度传感器的失效保护

当进气温度信号超出范围时，ECU 不采纳该信号，失效保护程序采用固定某一值。进气温度传感器失效，对发动机的影响不明显，在怠速稳定、油耗增加、排放超标等方面有所影响。

## 知识拓展

目前使用的大多数诊断仪器都有读取动态数据流的功能，在维修过程中，可借助读取数据流的方式来对故障进行诊断。进入到诊断仪器的诊断界面，会有“数据流”一栏，单击进入后即可查看水温的实时温度。用户可以在不同温度下测量传感器的信号电压或电阻，对比维修手册的技术数值范围，从而判断传感器的性能是否正常。当读取的数据流显示温度为 -40℃，而且没有变化时，冷却液温度信号超出范围，此时信号电压输出接近 0V，此类情况主要是电路存在断路故障；当读取的数据流显示温度为 140℃，而且没有变化时，冷却液温度信号超出范围，此时信号电压输出接近 5V，此类情况主要是电路存在短路故障。

## 技能训练

### 训练　温度传感器的检测

1. 实操准备

本训练需准备的设备和资料如表 6-2 所示。

**表 6-2　本训练需准备的设备和资料**

| 设备准备 | 资料准备 |
|---|---|
| 五菱荣光发动机、汽车故障诊断仪、万用表 | 五菱荣光维修手册 |

2. 电路原理图

查找五菱荣光发动机维修手册，五菱荣光发动机温度传感器的电路原理图如图 6-3 所示。

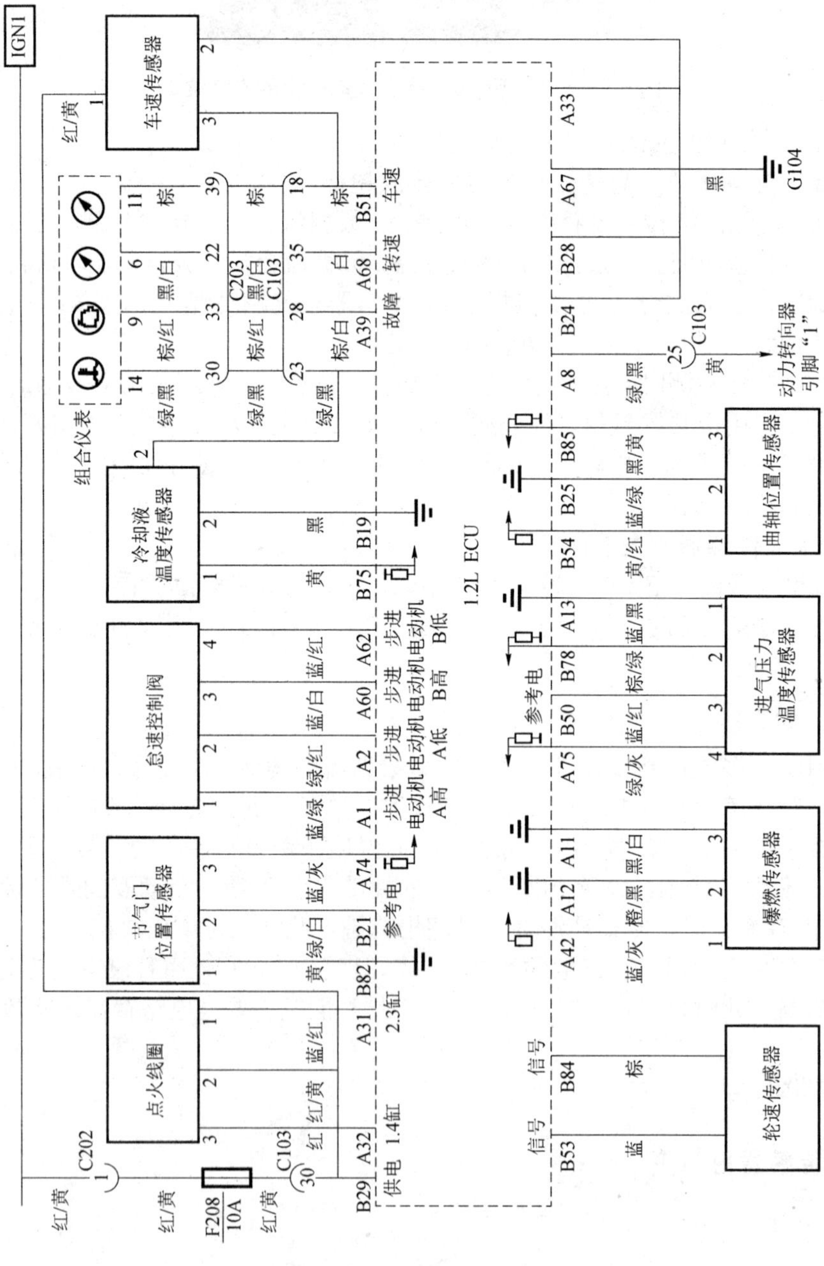


图 6-3　五菱荣光发动机温度传感器的电路原理图

3. 找实物

在车上找到两个传感器的安装位置，确认其连接器上的接线是否与电路原理图一致。

4. 根据电路图完成下面的填空

（1）冷却液温度传感器的信号线是________号线，其电压值为________V，搭铁线是________号线。

（2）进气温度传感器的信号线是________号线，其电压值为________V，搭铁线是号线。

（3）确定两个传感器的万用表检测内容，填写表 6-3。

表 6-3　检测内容与方法表

| 序号 | 检测内容与方法 | 标准范围 | 结果判断 |
|---|---|---|---|
| 1 | | | |
| 2 | | | |
| 3 | | | |
| 4 | | | |

（4）按照表 6-3 内容进行实施，将静态检测法所测得的数据填入表 6-4 和表 6-5。

表 6-4　冷却液温度传感器的静态检测结果

| 传感器引脚号 | 实测电压值或对地电阻 | 标准值 | 结果判断 |
|---|---|---|---|
| 1 | | | |
| 2 | | | |

表 6-5　进气温度传感器的静态检测结果

| 传感器引脚号 | 实测电压值或对地电阻 | 标准值 | 结果判断 |
|---|---|---|---|
| 1 | | | |
| 2 | | | |

（5）按照表 6-4 内容进行实施，将动态检测法所测得的数据填入表 6-6 和 6-7。

表 6-6　冷却液温度传感器的动态检测结果

| 传感器引脚号 | 实测电压值或对地电阻 | 标准值 | 结果判断 |
|---|---|---|---|
| 1 | | | |
| 2 | | | |

表 6-7　进气温度传感器的动态检测结果

| 传感器引脚号 | 实测电压值或对地电阻 | 标准值 | 结果判断 |
|---|---|---|---|
| 1 | | | |
| 2 | | | |

## 考核评价

1. 学生互检

小组内，学生互相考核与讨论，主要内容：①在发动机实训台架电路板上找到进气温度传感器或冷却液温度传感器电路，说明其电路原理；②在发动机上找到温度传感器，说明其作用。

2. 教师抽查

由教师抽查部分学生，考核的内容：①检测温度传感器的电源线是否正常，搭铁线是否良好；②在不同温度的情况下，测量温度传感器的电阻，观察其电阻的变化情况是否满足正常变化规律；③测量温度传感器的信号电压。考核中要边测量边填写考核表（表 6-8）。

**表 6-8　温度传感器的检测考核评价表**

| 被考核人信息 | | 班级 | 姓名 | 学号 |
|---|---|---|---|---|
| 序号 | 项目及配分 | 考核记录 | | 教师评价 |
| 1 | 温度传感器电路（30 分） | 由学生对着发动机台架电路板画出温度传感器电路图，并注明各线的标号 | | |
| 2 | 温度传感器电源线、搭铁线的检测（20 分） | 信号线是________号线，拔下传感器插头，电压为________V；<br>搭铁线是________号线，对地电阻的阻值为________Ω | | |
| 3 | 温度传感器电阻测量（20 分） | 在不同温度下测量传感器的电阻；<br>常温时电阻的阻值为________Ω，加热时电阻的阻值变________（填大或小） | | |
| 4 | 温度传感器信号电压的测量（20 分） | 在不同温度下测量传感器的信号电压；<br>常温时电压为________V，加热时电压变________（填大或小） | | |
| 5 | 工作安全、规范操作、时间要求（10 分） | 由考核教师根据学生在整个过程中的表现评分，要进行必要的说明。 | | |
| 总分 | 100 分 | | | |
| 考核教师签名 | | | 日期 | 用时：　　分 |

## 课后练习

### 一、填空题

1．发动机冷却液温度传感器信号的作用是________。

2．发动机冷却液温度传感器的核心部件是________，其电阻值随冷却液温度的升高而________。

3．进气温度传感器信号的作用是________。

4．冷却液温度越高，冷却液温度传感器的电阻值________，信号输出电压________。

5．冷却液温度传感器信号线断路时，信号电压为________ V。

## 二、判断题

1．发动机冷却液温度传感器与进气温度传感器都属于正温度系数传感器。　（　　）

2．负温度系数的温度传感器随温度升高，其电阻越大。　（　　）

3．当进气温度传感器指示进气温度低时，ECU 将控制加浓混合气。　（　　）

4．进气温度传感器中热敏电阻的阻值随着进气温度的升高而变大。　（　　）

5．冷却液温度过高后必须修正点火提前角。　（　　）

## 三、选择题

1．冷却液温度传感器的信号用于（　　）。

A．修正喷油量　　B．修正点火提前角

C．决定冷起动喷油量　　D．前三项都是

2．冷却液温度传感器实质上是一个（　　）。

A．热敏开关　　B．正温度系数热敏电阻

C．负温度系数热敏电阻　　D．电磁线圈

## 四、问答题

1．冷却液温度传感器的作用是什么？其信号电压与冷却液温度变化是什么关系？

2．使用万用表如何检测冷却液温度传感器？

3．简述进气温度传感器的作用及检测方法。

4．一辆装有 2013 款五菱荣光（1.5L）发动机的汽车，在使用汽车故障诊断仪读取故障码时读到“P0117 发动机冷却液温度传感器电路电压过低”的故障信息，请据此分析一下故障原因，并写出故障的诊断思路。

# 模块 7　检测点火系统

学习目标

1. 了解点火系统的作用、点火方式；
2. 掌握点火系统的基本组成及工作过程；
3. 掌握点火系统主要部件的作用；
4. 能看懂点火系统的电路图，并在发动机上找到点火系统的主要零部件；
5. 能根据电路图对点火系统进行相关的维修工作。

## 7.1　点火系统的认识

### 知识目标

1. 了解点火系统的作用、点火方式；
2. 掌握点火系统的组成及工作过程。

### 理论知识

1. 点火系统的作用

汽油发动机点火系统的作用：产生电火花点燃气缸内的混合气，并能适应发动机工况和使用条件的变化，自动调节点火时刻，实现可靠而准确地点火。点火系统需确保既要点火又要按时，两者缺一不可。

2. 点火系统的组成

如图 7-1 所示，点火系统主要包括传感器、ECU、执行元件三大部分。其中，传感器（包括各种开关）主要有空气流量计（或进气歧管压力传感器）、曲轴位置（发动机转速）传感器、凸轮轴位置传感器、节气门位置传感器、水温传感器、车速传感器、爆燃传感器、空调开关、起动开关等。执行元件有点火模块、点火线圈、火花塞等。

点火系统各组成部分的功能如表 7-1 所示。

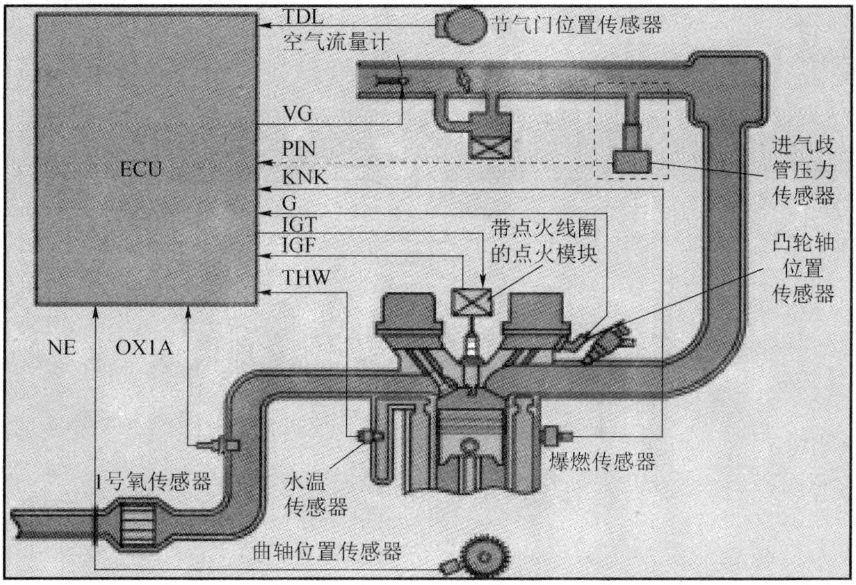


图 7-1　点火系统的组成

表 7-1　点火系统各组成部分的功能

<table>
<tr><th colspan="2">部件名称</th><th>功能</th></tr>
<tr><td rowspan="9">传感器</td><td>空气流量计（或进气歧管压力传感器）</td><td>检测发动机进气量</td></tr>
<tr><td>曲轴位置传感器（NE 信号）</td><td>检测曲轴转角和发动机转速</td></tr>
<tr><td>凸轮轴位置传感器（G 信号）</td><td>检测第 1 缸活塞基准位置</td></tr>
<tr><td>节气门位置传感器</td><td>检测节气门开度</td></tr>
<tr><td>水温传感器</td><td>检测发动机冷却液温度</td></tr>
<tr><td>车速传感器</td><td>检测汽车车速</td></tr>
<tr><td>爆燃传感器</td><td>检测发动机是否爆燃</td></tr>
<tr><td>空调开关</td><td>检测空调是否工作</td></tr>
<tr><td>起动开关</td><td>检测发动机是否处于起动状态</td></tr>
<tr><td colspan="2">ECU</td><td>根据各传感器输入的信号，计算出最佳点火时刻（点火提前角），并将点火控制信号输送给点火器</td></tr>
<tr><td rowspan="2">执行元件</td><td>点火模块</td><td>根据 ECU 输出的点火信号，控制点火线圈初级电路的接通与断开，产生点火电压。同时向 ECU 反馈点火确认信号</td></tr>
<tr><td>点火线圈</td><td>受点火器控制，产生点火高压</td></tr>
</table>

3. 点火系统的工作过程

如图 7-2 所示，点火系统工作时，发动机 ECU 根据接收到的曲轴位置传感器（CKP）或凸轮轴位置传感器（CMP）信号，判断出哪个气缸需要点火，并同时综合其他传感器的信号计算出最佳点火时刻，再输出指令控制点火模块，进而控制点火线圈的初级线圈，使点火线圈的次级线圈产生高压电动势，控制需要点火气缸的点火线圈的通断，产生高压电。

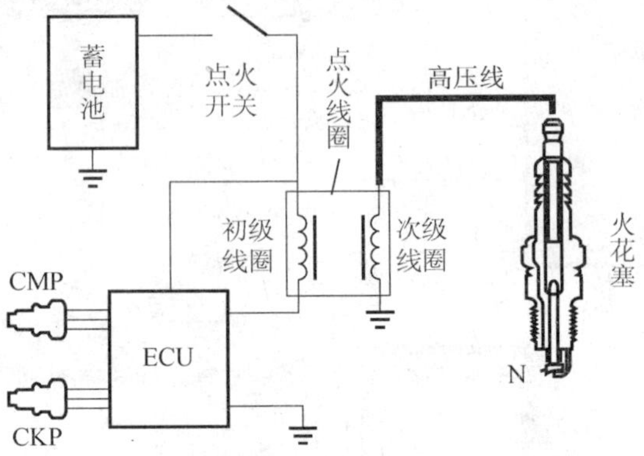


图 7-2　点火系统的工作过程

4. 点火系统的点火方式

随着人类对汽车发动机动力性、经济性及排放控制要求的日益提高，当前发动机多数采用无分电器点火类型。无分电器点火按高压配电方式的不同可分为同时点火和独立点火两种点火方式。

1）同时点火

如图 7-3 所示，同时点火一般采用一个点火线圈同时对两个气缸进行点火，即双缸同时点火。这种点火方式利用一个点火线圈对接近压缩行程上止点和排气行程上止点的两个气缸同时进行点火，处于压缩行程的气缸，因混合气被点燃而做功，正在排气的另一气缸火花塞点空火。目前还有不少汽车采用这种点火方式，如五菱荣光 1.2L 发动机。

2）独立点火

独立点火方式就是每个火花塞安装一个点火线圈，单独向火花塞提供高压电动势，实现各缸直接点火，发动机 ECU 可以单独对每一个气缸点火时刻进行调整，如图 7-4 所示。

图 7-3　同时点火

图 7-4　独立点火

5. 点火系统的主要零部件

1）点火线圈

要把气缸内可燃混合气点着，其电压要高达 2 万多伏，甚至更高，而汽车上的蓄电池电压只有 12V，因此必须把 12V 的低压升为高压，这个任务就是由点火线圈（图 7-5）来完成的。点火线圈相当于一个变压器，里面有两个线圈，初级线圈和次级线圈，产生高压的原理是，依靠点火线圈初级线圈通断来实现低压变为高压，每通断一次就会在次级线圈感应出一次高压。

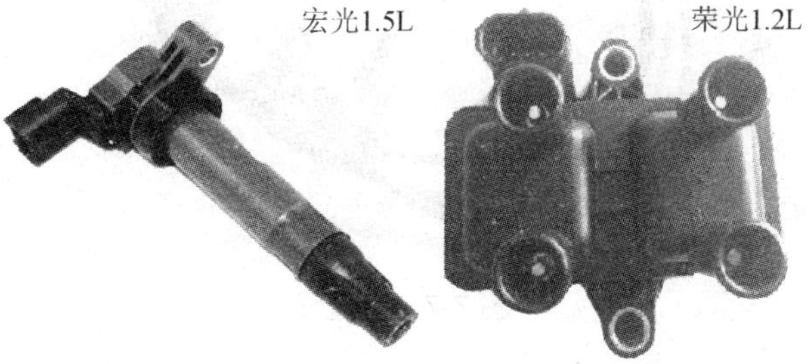


图 7-5　点火线圈

2）点火模块

点火模块的作用是接收发动机 ECU 发出的点火控制信号，并根据这一控制信号控制点火线圈初级线圈电流的通断，使点火线圈次级线圈产生高压，以点燃气缸内的可燃混合气。有些车型的点火模块在控制点火的同时还会反馈一个信号给发动机 ECU，作为点火确认信号（该信号的作用是使发动机 ECU 在点火系统未点火时，切断燃油供给，防止发动机溢油）。

3）火花塞

火花塞的作用是将点火线圈产生的高压电动势引入燃烧室，并在其两个电极之间产生电火花，以点燃混合气。火花塞主要由绝缘体、壳体、中心电极和侧电极等组成，如图 7-6 所示。

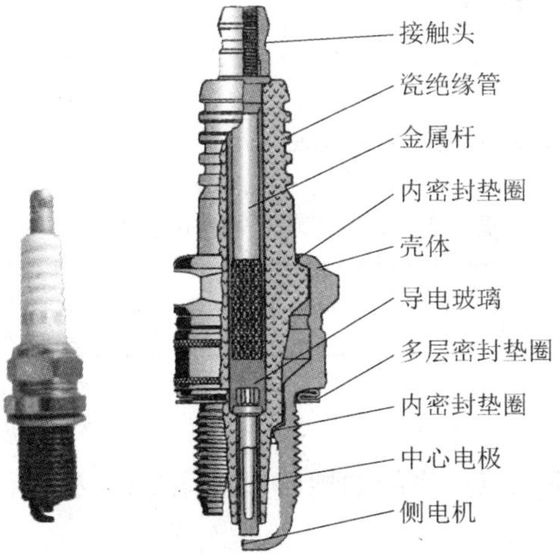


图 7-6　火花塞的结构

4）高压线

高压线是把点火线圈产生的高电压传导到火花塞的导线，也称分缸线或分火线，如图 7-7 所示。

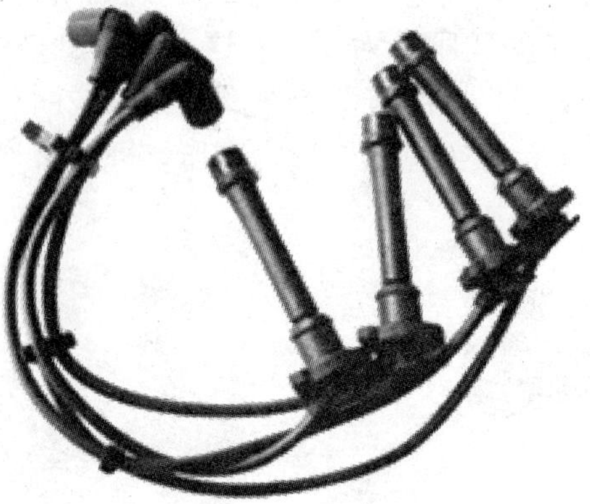

图 7-7　高压线

## 知识拓展

点火提前角的定义

一般来说，发动机点火不是在活塞到达压缩上止点才点火的，而是提前点火，就是所谓的点火提前。点火提前角是指从火花塞开始跳火时刻算起到该气缸活塞运行至压缩上止点时曲轴转过的角度。点火提前角的大小随发动机工况的变化而变化，一般来说转速越高点火提前角越大，负荷越大点火提前角越小。

## 技能训练

### 训练 1　点火系统的认识与检测

1. 实操准备

本训练需准备的设备和资料如表 7-2 所示。

表 7-2　本训练需准备的设备和资料

| 设备准备 | 资料准备 |
| --- | --- |
| 五菱荣光发动机、万用表、常用拆装工具 | 五菱荣光维修手册 |

2. 熟悉电路原理图

查找五菱荣光维修手册，点火系统的电路原理图如图 7-8 所示。

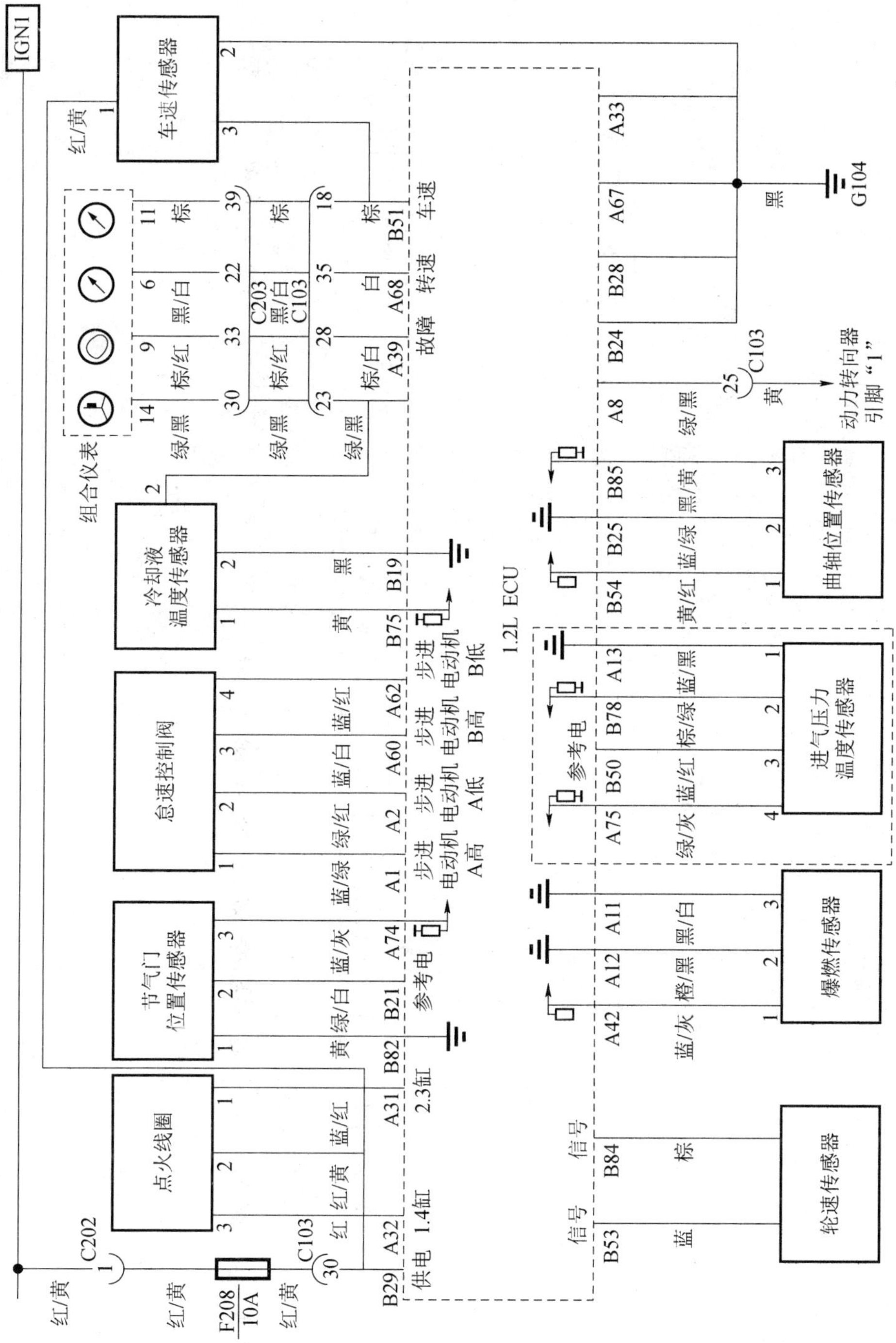
IGN1
车速传感器
组合仪表
冷却液温度传感器
怠速控制阀
节气门位置传感器
点火线圈
1.2L ECU
曲轴位置传感器
进气压力温度传感器
爆燃传感器
轮速传感器
G104
C202
C103
C203
F208 10A
动力转向器引脚“1”
参考电
供电
1.4缸
2.3缸
步进电动机A高
步进电动机A低
步进电动机B高
步进电动机B低
故障
转速
车速
信号
红/黄
红
蓝/红
黄
绿/白
蓝/灰
蓝/绿
绿/红
蓝/白
黑
绿/黑
棕/红
黑/白
棕
棕/白
白
黄/红
蓝/绿
黑/黄
绿/灰
蓝/红
棕/绿
蓝/黑
橙/黑
黑/白
蓝

（a）同时点火

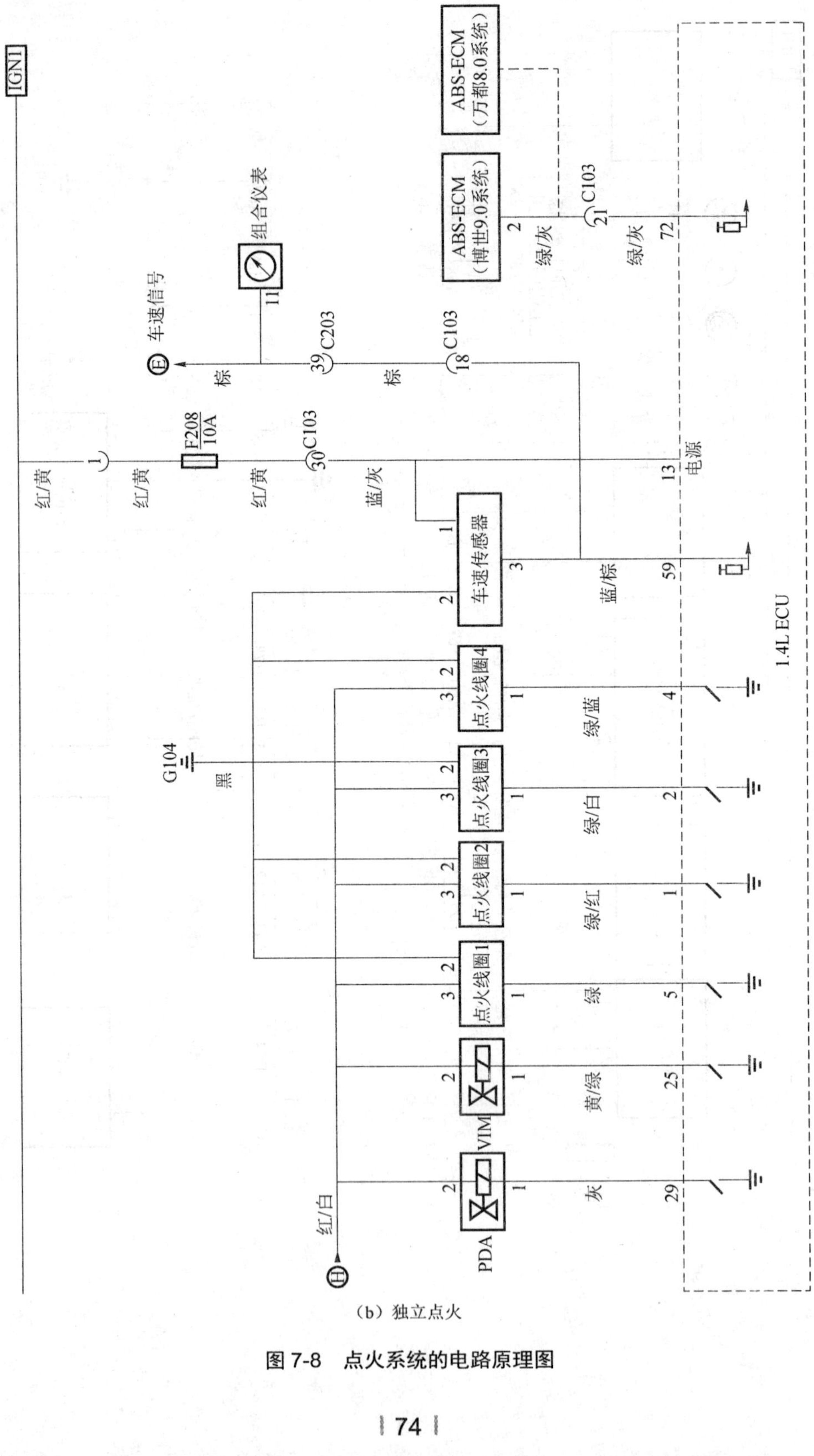


（b）独立点火

图 7-8　点火系统的电路原理图

3. 根据电路原理图完成下面的填空

整个点火线圈上有________根线，其中电源线的端子符号是________，颜色是________，外搭铁线的端子符号是________，颜色是________，与发动机 ECU 相连的搭铁线端子符号是________，颜色是________。

4. 找实物

在发动机上找到点火线圈，观察连接器上的线数是否与电路原理图上的一致。

5. 点火线圈的检测

使用万用表检测点火线圈供电是否正常。

表 7-3　点火线圈的检测结果

| 引脚号 | 实测电压值或对地电阻 | 标准值 | 结果判断 |
| --- | --- | --- | --- |
| 2 | | | |
| 3 | | | |

6. 拆装、检查火花塞

1）目视检查

观察各缸点火高压线与火花塞及点火线圈连接有无松动，点火高压线及点火线圈接插件是否有破损、老化或与车身、发动机短路现象。

2）拆卸程序

（1）打开发动机罩。

（2）断开蓄电池负极。

（3）拆下点火线圈盖。

（4）断开点火线圈上的线束，拆下点火线圈螺栓（四颗），拆下点火线圈。

**注意：**勿拉导线，否则容易使点火线圈内部损坏。

（5）拆下火花塞。

**注意：**请勿跌落或振动。

3）检查火花塞

（1）检查火花塞螺纹和绝缘体上有无裂开或损坏，火花塞垫圈是否平整。

（2）检查火花塞绝缘体和电极的颜色，正常呈灰白色，若为黑色，则说明火花塞温度过高。

（3）检查火花塞电极有无烧损，并清除积炭。

（4）检查火花塞间隙。实测值________mm，标准值________mm。

4）安装程序

注意以下事项并按照与拆卸相反的程序进行安装。

（1）安装火花塞，拧紧力矩为 20±5N·m。

（2）拧紧点火线圈螺栓，拧紧力矩：10±2N·m。

## 考核评价

1．学生间互检

小组内，学生互相考核与讨论，主要内容：①在发动机实训台架电路板上找到点火系统电路，说明其电路原理；②在发动机上找到点火系统，说明其作用。

2．教师抽查

由教师抽查部分学生，考核的内容：①检测点火系统的电源线电压是否正常，搭铁线是否良好；②拆装火花塞；③检查火花塞。考核中要边测量边填写考核表（表 7-4）。

表 7-4　点火系统的认识与检测考核评价表

<table>
<tr><td colspan="2">被考核人信息</td><td>班级</td><td></td><td>姓名</td><td></td><td>学号</td><td></td></tr>
<tr><td>序号</td><td>项目及配分</td><td colspan="5">考核记录</td><td>教师评价</td></tr>
<tr><td>1</td><td>点火系统电路（30 分）</td><td colspan="5">由学生对着发动机台架电路板画出点火系统电路图，并注明各线的标号</td><td></td></tr>
<tr><td>2</td><td>点火系统电源线的检测（10 分）</td><td colspan="5">电源线是________号线，电压为________V</td><td></td></tr>
<tr><td>3</td><td>点火系统搭铁线的检测（10 分）</td><td colspan="5">搭铁线是________号线，对地电阻的阻值为________Ω</td><td></td></tr>
<tr><td>4</td><td>火花塞拆装与检查（40 分）</td><td colspan="5">主要考查拆装步骤、规范性</td><td></td></tr>
<tr><td>5</td><td>工作安全、规范操作、时间要求（10 分）</td><td colspan="5">由考核教师根据学生在整个过程中的表现评分，要进行必要的说明。</td><td></td></tr>
<tr><td>总分</td><td>100 分</td><td colspan="6"></td></tr>
<tr><td colspan="2">考核教师签名</td><td colspan="2"></td><td>日期</td><td colspan="2"></td><td>用时：　分</td></tr>
</table>

# 7.2　点火系统的检测

## 知识目标

1．了解爆燃控制过程；

2．了解爆燃传感器的作用、安装位置、工作过程；

3．能对点火系统进行相关的检测维修工作。

## 理论知识

1．爆燃的控制

1）爆燃的定义

发动机按照进气—压缩—做功—排气这四个冲程，来实现发动机周而复始的运转，但如果发动机吸入可燃混合气后，在压缩行程还未到达规定的点火位置时，各种因素却导致混合气自行点火燃烧。此时，燃烧所产生的巨大冲击力与活塞运动的方向相反，引起发动机振动，这种现象称为爆燃。发动机正常燃烧如图 7-9（a）所示。如图 7-9（b）所示，气缸内出现两个点火源，加速了混合气燃烧速度，燃烧室内的局部压力和温度很高，产生一个与活塞向上运动相反的冲击力，使活塞撞击缸壁，引起振动。

（a）发动机正常燃烧　　（b）发动机产生爆燃

**图 7-9　发动机不爆燃与产生爆燃时火源的比较**

2）爆燃的控制方式

如果发动机产生严重爆燃，会造成发动机振动、水温升高、功率下降、油耗增大等故障，为了最大限度地发挥汽油发动机的性能，应该把点火提前角控制在接近临界爆燃点，同时又不能使发动机发生爆燃。要达到这样的要求，就必须对点火提前角采用爆燃反馈控制。这是因为如果点火提前角越大，则发动机越容易产生爆燃，而减少点火提前角，就会减轻或不产生爆燃。发动机控制模块根据检测传感器的输入信号，对发动机是否发生爆燃作出判断，如果确认发动机产生爆燃，就会逐渐减少点火提前角，直到发动机不爆燃，发动机不爆燃后，发动机控制模块又会逐渐增大点火提前角，直到发动机又产生爆燃，如此反复，使发动机工作在接近临界爆燃点，达到最佳的工作状态。点火提前角的闭环控制方式如图 7-10 所示。

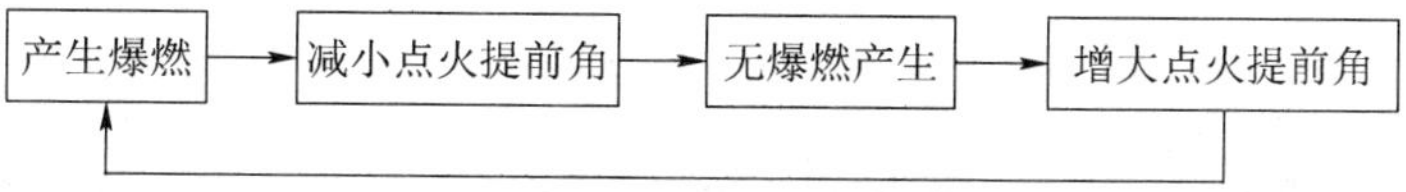


**图 7-10　点火提前角闭环控制方式**

3）爆燃传感器

爆燃传感器的作用是检测发动机是否发生爆燃。其一般安装在发动机气缸体的侧面，其安装位置、结构和外形如图 7-11 所示。爆燃传感器利用压电效应把爆燃时产生的机械振动转变为信号电压，当产生爆燃时的振动频率（6000Hz 左右）与压电效应传感器自身的固有频率一致时，即产生共振现象。这时爆燃传感器会输出一个很高的爆燃信号电压送至发动机ECU，发动机 ECU 就可以根据此信号来确认发动机是否产生爆燃。

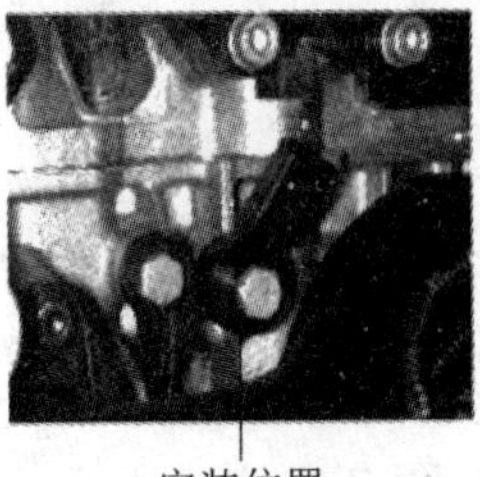


（a）安装位置

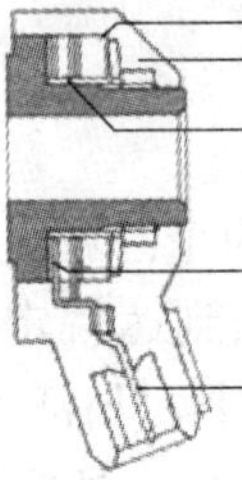


（b）结构图

（c）外形图

**图 7-11　爆燃传感器**

## 知识拓展

爆燃传感器安装的注意事项如下：

为了避免爆燃传感器误传爆燃信号，必须保证爆燃传感器紧固螺栓的紧固力矩准确无误。在安装爆燃传感器时，若紧固力矩过大，爆燃传感器感知的气缸爆燃信号电压太低，从而出现点火过早现象；若紧固力矩过小，爆燃传感器感知的气缸爆燃信号电压太高，从而出现点火过迟现象。

## 技能训练

### 训练 2　点火系统部件的检测

1. 实操准备

本训练需准备的设备和资料如表 7-5 所示。

**表 7-5　本训练需准备的设备和资料**

| 设备准备 | 资料准备 |
|---|---|
| 五菱荣光 1.2L 发动机、万用表、常用拆装工具 | 五菱荣光维修手册 |

2. 外观检查

检查点火系统的第一步是对整个点火系统进行彻底的目视检查，其中包括如下内容：

（1）检查点火系统所有线束连接器是否连接正常。

（2）检查所有部件的安装是否正确。

（3）检查高压线、火花塞是否破损或漏电。

（4）检查所有高压线是否与火花塞、点火线圈连接牢固。

（5）检查点火线圈的绝缘层有无脏污、破裂等。

3. 火花测试

1）火花测试方法

电控点火系统的火花测试应使用火花测试器（图 7-12），而不能直接断开火花塞并利用高压线跳火。对独立点火系统进行火花测试时，将点火线圈连接在火花测试器接线柱上，并且将火花测试器搭铁，再起动起动机带动曲轴和凸轮轴转动，触发点火系统使火花测试器跳火。如果点火系统工作正常，则火花测试器将产生蓝色的电火花，弱或不稳定的火花视为无效火花。

图 7-12　火花测试器

对双缸同时点火系统进行火花测试时，应将次级线圈两端的高压阻尼线分别连接在两支火花测试器上，检查火花状态。火花测试也可以同时对所有点火线圈进行，如果所有点火线圈都不跳火或火花无效，则故障点最可能在它们的公共部分；如果仅某一支（独立点火系统）或两支（双缸同时点火系统）不跳火或火花无效，则故障点在这一条分支上。

2）不跳火或火花无效的原因

不跳火或火花无效的原因如下：

（1）点火线圈性能低。

（2）点火线圈中的初级线圈得不到足够的电压（正极）。

（3）点火线圈或高压线电阻过大。

（4）初级回路没有闭合。

（5）初级回路不能有效触发断开。

（6）点火触发信号无效。

（7）发动机 ECU 失效。

4. 部件检测

1）检查测量点火高压线（五菱荣光 1.2L 发动机）

（1）检查导线是否烧坏、开裂或其他损坏；检查导线护套是否安装在直接点火系统和火花塞上。必要时，更换高压导线。

（2）使用万用表测量点火高压线电阻，并完成表 7-6。

表 7-6　点火高压线的测量结果

| 缸位 | 标准（kΩ） | 实测值 | 结果判断 |
|---|---|---|---|
| 1 缸 | 1.55～10 | | |
| 2 缸 | 1.79～11.05 | | |
| 3 缸 | 2.09～12.36 | | |
| 4 缸 | 2.8～15.51 | | |

2）检查爆燃传感器

（1）目视检查：检查爆燃传感器是否掉落或损坏，安装是否正确（松动或紧固过度可能导致发动机 ECU 设置故障码），有无异物。

（2）信号诊断：轻轻敲击爆燃传感器附近的缸体，此时使用汽车故障诊断仪观察点火提前角的变化，点火提前角应该突然减小，然后又增大。这说明爆燃传感器在工作，爆燃传感器及其线路没有问题；否则爆燃传感器或其线路出现故障。

（3）电阻检测：关闭点火开关，拔下爆燃传感器的线束连接器，用万用表的分别测量两个端子与外壳之间的电阻值，其阻值应大于 1MΩ，否则应更换爆燃传感器。

（4）线束检测：关闭点火开关，断开爆燃传感器和发动机 ECU 的线束连接器。使用万用表测量爆燃传感器和发动机 ECU 的线束连接器对应端子之间的电阻值，阻值应小于 0.5Ω，如果电阻值过大或为无穷大，则线路或线束连接器不正常（接触不良或断路），应及时排除。

（5）信号检测：关闭点火开关，拔下爆燃传感器的线束连接器，打开点火开关，起动发动机使之怠速运转，将示波器的测试探针或万用表（交流电压挡）的表笔接至爆燃传感器的两个接线端子上，应有信号波形（图 7-13）或电压输出；否则，应更换爆燃传感器。

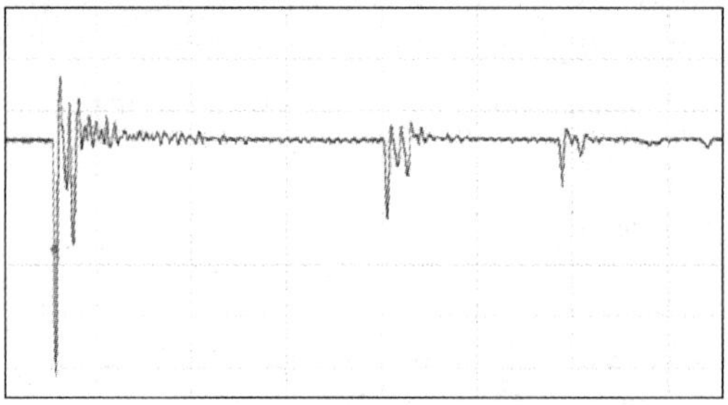

图 7-13　爆燃传感器信号波形

5. 读取点火系统数据流

利用汽车故障检测仪读取点火系统数据流，并将读取的数据填入表 7-7 中。

表 7-7　点火系统数据流的读取结果

| 序号 | 读取数据流的参数 | 读取的数值 | 是否正常 |
|---|---|---|---|
| 1 | | | |
| 2 | | | |
| 3 | | | |
| 4 | | | |

6. 读取故障码

人为设置点火系统的故障，进行读取，并将读取的数据填入表 7-8 中。

**表 7-8　故障码数据的读取结果**

| 序号 | 读取的故障码 | 故障码的含义 | 排除故障的思路 |
|---|---|---|---|
| 1 | | | |
| 2 | | | |
| 3 | | | |
| 4 | | | |

## 考核评价

1. 学生互检

小组内，学生互相考核与讨论，主要内容：①在发动机实训台架电路板上找到爆燃传感器电路，说明其电路原理；②在发动机上找到爆燃传感器，说明其作用。

2. 教师抽查

由教师抽查部分同学，考核的内容：①点火试验；②高压线电阻的测量；③利用汽车故障诊断仪读取故障信息、数据流。考核中要边考核边填写评价表（表 7-9）。

**表 7-9　点火系统的检测考核评价表**

<table>
<tr><td colspan="2">被考核人信息</td><td>班级</td><td></td><td>姓名</td><td></td><td>学号</td><td></td></tr>
<tr><td>序号</td><td>项目及配分</td><td colspan="5">考核记录</td><td>教师评价</td></tr>
<tr><td>1</td><td>点火试验（40 分）</td><td colspan="5">由学生独立完成火花塞的点火试验</td><td></td></tr>
<tr><td>2</td><td>高压线电阻的测量（20 分）</td><td colspan="5">第一缸高压线电阻________，第二缸高压线电阻________，<br>第三缸高压线电阻________，第四缸高压线电阻________。</td><td></td></tr>
<tr><td>3</td><td>汽车故障诊断仪的使用(30 分)</td><td colspan="5">教师预设两个点火系统故障，由学生读取故障码及相关数据流。<br>故障码________、________；数据流：发动机转速________，点火提前角________。</td><td></td></tr>
<tr><td>4</td><td>工作安全、规范操作、时间要求（10 分）</td><td colspan="5">由考核教师根据学生在整个过程中的表现评分，要进行必要的说明。</td><td></td></tr>
<tr><td>总分</td><td>100 分</td><td colspan="6"></td></tr>
<tr><td colspan="2">考核教师签名</td><td colspan="2"></td><td>日期</td><td colspan="2"></td><td>用时：　　分</td></tr>
</table>

## 课后练习

### 一、填空题

1．无分电器独立点火系统一般由________、________、________主要部件等组成。

2．对应发动机每一工况都存在一个________点火提前角。

3．点火线圈初级线圈电路的接通取决于________和________。

4．无分电器独立点火方式其特点是每缸有________个点火线圈。

5．点火提前角随着发动机转速升高而________。

### 二、判断题

1．点火提前角过大，会造成发动机温度升高。（　　）

2．无分电器点火系统采用的小型闭磁路点火线圈是自感式线圈。（　　）

3．点火提前角对发动机性能的影响非常大。（　　）

4．混合气的质量越好，燃烧的速度越大，要求点火提前角就应越大。（　　）

5．在发动机控制系统中，点火系统也可以采用闭环控制方法。（　　）

6．一般来说，缺少转速信号，电子点火系统将不能点火。（　　）

7．在无分电器点火系统（一个点火线圈驱动两个火花塞）中，如果其中一个气缸的火花塞无间隙短路，那么相应的另一缸火花塞也将无法跳火。（　　）

8．发动机负荷增大，最佳点火提前角也应增大。（　　）

9．爆燃传感器输出的信号频率与发动机振动频率是不一致的。（　　）

10．双缸同时点火系统不使用传统的分电器和点火线圈。（　　）

### 三、选择题

1．点火闭合角主要是通过（　　）加以控制的。

A．通电电流　　B．通电时间　　C．通电电压　　D．通电速度

2．发动机工作时，随冷却液温度的提高，爆燃倾向（　　）。

A．不变　　B．增大　　C．减小　　D．与温度无关

3．下列说法中正确的是（　　）。

A．在怠速稳定修正中，ECU 根据目标转速修正点火提前角

B．辛烷值较低的汽油，抗爆性差，点火提前角应减小

C．初级线圈电路被断开瞬间，初级电流所能达到的值与初级线圈电路接通时间长短无关

D．随着发动机转速提高和电源电压下降，闭合角增大

4．ECU 根据（　　）信号对点火提前角实行反馈控制。

A．水温传感器　　B．曲轴位置传感器

C．爆燃传感器　　D．车速传感器

5．五菱荣光 1.5L 发动机采用无分电器点火系统，点火顺序为（　　）。

A．1—3—4—2　　B．1—2—3—4　　C．1—4—2—3

## 四、问答题

1．无分电器点火系统根据配电方式分为哪几种类型？

2．什么是爆燃？电控发动机是怎样通过控制点火提前角来控制爆燃的？

3．简述爆燃传感器的检测方法。

4．五菱荣光 1.2L 发动机无高压火。请分析可能的故障原因，并写出故障排除方法。

# 模块 8　检测排放系统

学习目标

1. 了解常见排放系统的功能；
2. 掌握常见排放系统的组成、主要零部件功能及工作过程；
3. 会检测维修常见排放系统；
4. 能对整体维修工作进行简单的归纳总结。

## 8.1　燃油蒸发排放控制系统的检测

### 知识目标

1. 掌握燃油蒸发排放控制系统的作用、组成、工作过程。
2. 会检测燃油蒸发排放控制系统。

### 理论知识

1. 燃油蒸发排放控制系统的作用

燃油蒸发排放控制系统能够存储燃油系统产生的燃油蒸气（HC），阻止燃油蒸气泄漏到大气中，同时将收集的燃油蒸气适时地送入进气歧管，与正常混合气混合后进入发动机燃烧，这样既能保证燃油蒸气不会排放到大气中污染环境，又能使燃油得到充分利用，节约了能源。

2. 燃油蒸发排放控制系统的组成和工作过程

1）组成

燃油蒸发控制系统主要由燃油箱、活性炭罐、炭罐电磁阀和管路等组成，如图 8-1 所示。活性炭罐用来吸收并储存来自燃油箱的汽油蒸气。活性炭罐一般位于发动机舱下部或靠近燃油箱，其内部填充活性炭。如图 8-2 所示，活性炭罐上有三条管道，分别连接燃油蒸气管（通向燃油箱）、蒸发排放吹洗管（通向进气歧管）和通风管（通向大气）。

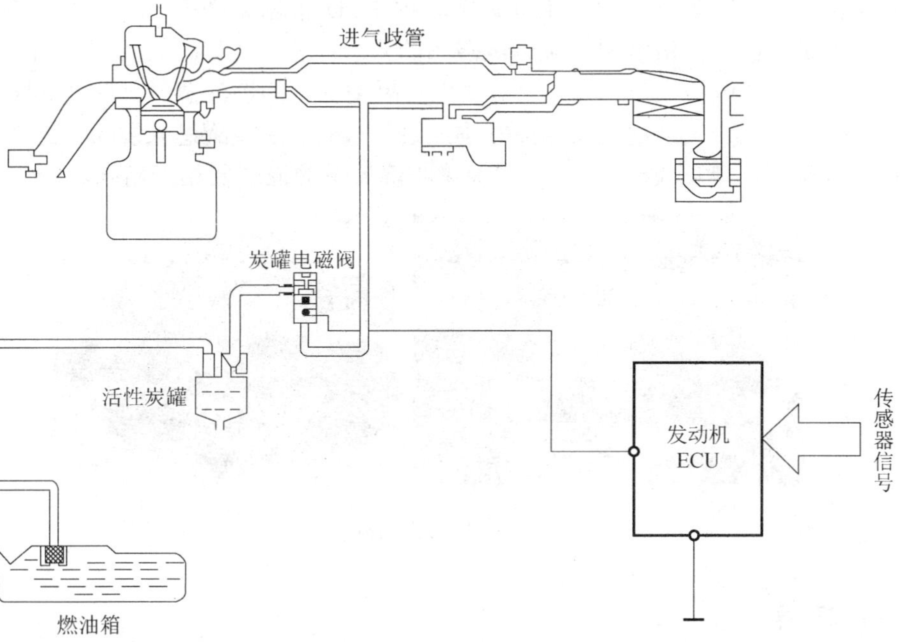


图 8-1　燃油蒸发控制系统的组成

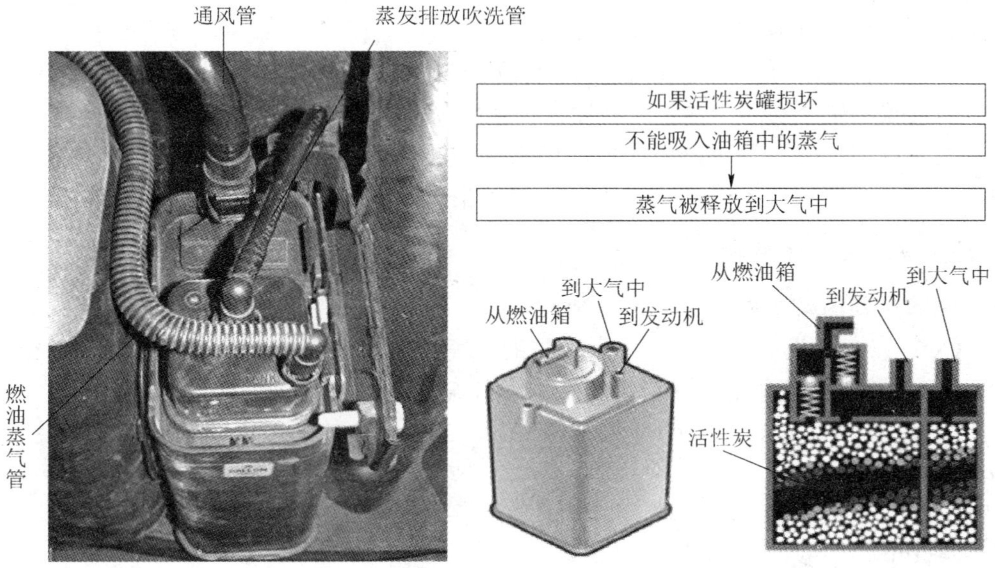


图 8-2　活性炭罐

炭罐电磁阀安装在活性炭罐和进气歧管之间，其作用是在发动机 ECU 的控制下，打开或关闭炭罐中燃油蒸气进入进气歧管的通道，从而控制燃油蒸气的流量，如图 8-3 所示。炭罐电磁阀是常闭阀，由发动机 ECU 采用占空比控制。

2）工作过程

车辆运行或发动机停止时，燃油箱的燃油蒸气通过单向阀进入炭罐上部，空气从炭罐下部进入清洗活性炭。在发动机运行期间，发动机 ECU 根据发动机转速、冷却液温度及空气流量等信号，采用占空比精确控制炭罐电磁阀的开启，进气歧管内的真空施加到燃油蒸发排放控制系统，新鲜空气被吸入活性炭罐，活性炭罐中储存的燃油蒸气被吹洗出来并与吸入的空气形成混合气，混合气经过蒸发排放管进入进气歧管。从炭罐进入发动机的燃油蒸气会干扰空燃比反馈信号，所以发动机 ECU 对炭罐吹洗流量的控制要相当精确。

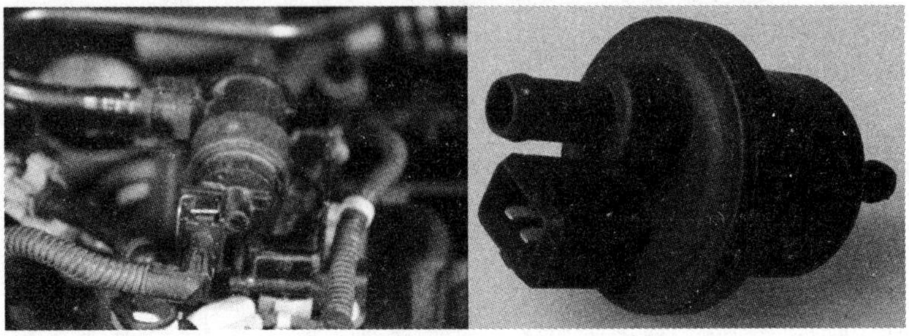

图 8-3 炭罐电磁阀

## 知识拓展

1. 汽车有害气体的来源

汽车有害气体的来源主要有以下三个：

（1）发动机燃烧后所排放的废气，约占汽车排放污染来源的 65%以上，主要成分是一氧化碳（CO）、碳氢化合物（HC）、氮氧化合物（$NO_x$）。

（2）曲轴箱的废气，约占汽车排放污染来源的 20%，主要成分是 HC。

（3）汽油蒸发形成的废气，约占汽车排放污染来源的 10%～20%，主要是汽油蒸气。

2. 汽油机的主要污染物

汽油机的主要污染物为 CO、HC、$NO_x$。

（1）CO：在空气量不足的情况下所产生的不完全燃烧的产物，在浓混合气时容易产生。

（2）HC：燃料不完全燃烧的产物，在怠速和减速时产生最多。

（3）$NO_x$：对环境危害最大的是 NO 和 $NO_2$，当气缸内的温度高，且氧浓度充足的情况下最易产生。

## 技能训练

### 训练 1 燃油蒸发排放控制系统的认识与检测

1. 实操准备

本训练需准备的设备和资料如表 8-1 所示。

表 8-1　本训练需准备的设备和资料

| 设备准备 | 资料准备 |
| --- | --- |
| 五菱荣光 1.5L 发动机、汽车故障诊断仪、万用表、常用拆装工具 | 五菱荣光维修手册 |

2. 找实物

在发动机上找出燃油蒸发排放控制系统的主要部件并完成表 8-2。

表 8-2　主要部件

| 部件名称 | 安装位置 | 主要功能 |
| --- | --- | --- |
| | | |
| | | |
| | | |

3. 目视检查

目视检查内容：检查活性炭罐上的橡胶软管是否连接可靠、无老化、无裂纹，打开油箱盖，检查油箱盖的密封性，如果出现橡胶软管脱落、老化有裂纹、油箱盖密封性不好等现象，则需要更换活性炭罐。

4. 检测炭罐电磁阀

（1）查询维修手册，在下面的框中画出荣光 1.5L 发动机炭罐电磁阀的电路图，并标明引脚。

| 电路图： |
| --- |
| |

（2）动作测试：使用汽车故障检测仪进行主动测试，查看炭罐电磁阀是否工作。

（3）电磁阀的测量：使用万用表电阻挡测量电磁阀的电阻，所测电阻为________。

5. 故障码识别

由教师设置两或三个故障，学生使用汽车故障诊断仪进行检测，读取故障码，并填写表 8-3。

**表 8-3　故障码识别的读取结果**

| 车型：<br>VIN 码： | | 生产日期： | | 诊断仪型号： |
|---|---|---|---|---|
| | 序号 | 故障码编号 | 故障码的含义 | 能否清除 |
| 第一次读取的故障码 | 1 | | | |
| | 2 | | | |
| | 3 | | | |
| 第二次读取的故障码 | 1 | | | |
| | 2 | | | |
| | 3 | | | |

6. 拆检活性炭罐

1）拆卸程序

（1）释放燃油压力，参见荣光维修手册中的“燃油压力释放程序”。

（2）适当举升车辆。

（3）用卡钳松开与活性炭罐连接的管路夹箍，并记下夹箍的安装位置，以便再次安装。

（4）从车身上取下炭罐通气胶管。

（5）从活性炭罐支架上取下活性炭罐总成。

2）检查活性炭罐

如图 8-4 所示，从吸附口端（标记有 TO TANK）用力吹入空气，脱附口端（标记有 TO PURGE）与通气胶管端（标记有 AIR）应有明显气流吹出，否则检查活性炭罐内是否有异物，若有清理后再检查，若仍无气流吹出，则更换活性炭罐。

**注意：**活性炭罐内有残余燃油，不可吮吸任何端口。

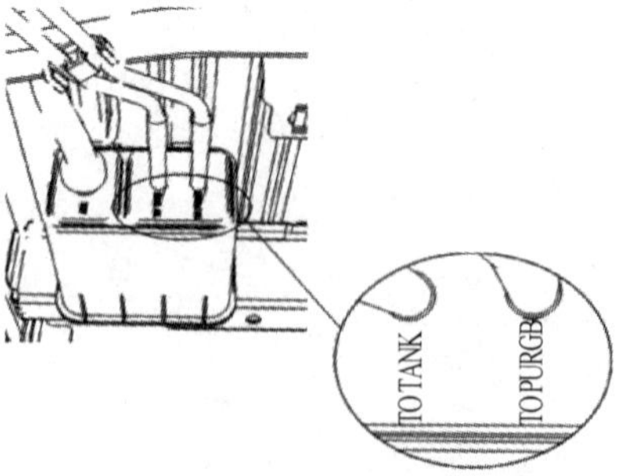


**图 8-4　活性炭罐端口标记**

3）安装程序

（1）把从燃油箱出来的燃油蒸发管连接到活性炭罐的吸附口端（标记有 TO TANK），把到炭罐电磁阀的脱附管组件连接到脱附口端（标记有 TO PURGE），安装夹箍到原位置。

（2）安装活性炭罐到活性炭罐支架上。

4）安装后检查

（1）把点火开关置于“ON”位置，对燃油管路施加压力，观察各连接处是否有泄漏。

（2）起动发动机并提高转速，确认燃油系统各管路接头、各管路与软管连接处没有燃油泄漏。

## 考核评价

1. 学生互检

小组内，学生互相考核与讨论，主要内容：①在发动机实训台架电路板上找到炭罐电磁阀电路，说明其电路原理；②在发动机上找到炭罐电磁阀，说明其作用。

2. 教师抽查

由教师抽查部分学生，考核的内容：①活性炭罐、炭罐电磁阀、油泵的安装位置，三者之间的连接关系；②炭罐电磁阀的电阻阻值测量；③发动机 ECU 对炭罐电磁控制波形的检测。考核中要边考核边填写评价表（表 8-4）。

表 8-4　燃油蒸发排放控制系统的认识与检测考核评价表

<table>
<tr><td colspan="2">被考核人信息</td><td>班级</td><td></td><td>姓名</td><td></td><td>学号</td><td></td></tr>
<tr><td>序号</td><td>项目及配分</td><td colspan="5">考核记录</td><td>教师评价</td></tr>
<tr><td>1</td><td>活性炭罐、活性炭罐电磁阀、油泵的安装位置（40 分）</td><td colspan="5">由学生在发动机上找到活性炭罐、活性炭罐电磁阀、油泵的安装位置，并说明三者的连接关系</td><td></td></tr>
<tr><td>2</td><td>活性炭罐电磁阀电阻阻值的测量（20 分）</td><td colspan="5">活性炭罐电磁阀电阻阻值为________Ω</td><td></td></tr>
<tr><td>3</td><td>发动机 ECU 对炭罐电磁控制波形的检测（20 分）</td><td colspan="5"></td><td></td></tr>
<tr><td>4</td><td>工作安全、规范操作、时间要求（20 分）</td><td colspan="5">由考核教师根据学生在整个过程中的表现评分，要进行必要的说明。</td><td></td></tr>
<tr><td>总分</td><td>100 分</td><td colspan="6"></td></tr>
<tr><td colspan="2">考核教师签名</td><td></td><td>日期</td><td colspan="2"></td><td colspan="2">用时：　　分</td></tr>
</table>

# 8.2 废气再循环系统的检测

## 知识目标

1．理解废气再循环系统的作用、组成、工作过程；
2．能够检测废气再循环系统。

## 理论知识

1．废气再循环系统的作用

废气再循环系统的作用是把发动机排出的部分废气重新引入气缸内参加燃烧，从而降低气缸内的最高温度，以减少 $NO_x$ 的排放量。

2．废气再循环系统的组成

目前比较常见的废气再循环系统主要由 EGR 机械阀、真空电磁阀（EGR 电磁阀）、ECU 和连接管路等组成，如图 8-5 所示。

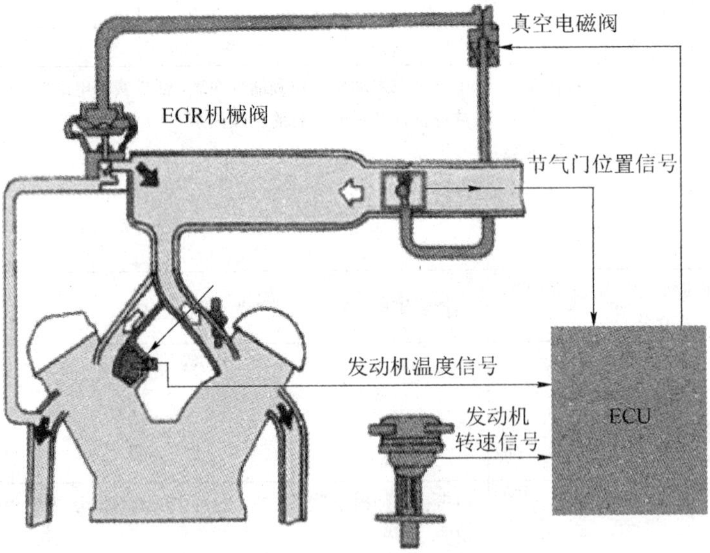


图 8-5　废气再循环系统的组成

3．废气再循环系统的控制方式

废气再循环系统的控制方式主要有机械式和电子控制式。

（1）机械式：利用进气歧管真空度与排气压力控制阀的开启及开启程度。这种方式控制精度低，现在已很少采用。

（2）电子控制式：发动机 ECU 根据发动机的工况，通过控制 EGR 电磁阀的开度，实现废气再循环率的控制。

为了使废气再循环量不对发动机性能产生过度影响，现代电控发动机对废气再循环系统也采用了闭环控制策略，在 EGR 机械阀处设置 EGR 机械阀位置传感器（有的车型上也采用废气温度传感器或压力传感器），对实际的废气再循环量进行闭环修正反馈控制。

4. 废气再循环系统的工作过程

如图 8-5 所示，排气中的一小部分废气经 EGR 机械阀进入进气系统，与混合气混合后进入气缸参与燃烧。EGR 机械阀的开闭由发动机 ECU 通过控制 EGR 电磁阀来实现。发动机 ECU 根据发动机的转速、负荷（节气门开度）、温度、进气流量、排气温度控制参与再循环的废气量。

## 知识拓展

$NO_x$ 是一种对人体危害极大的气体，其主要是在高温富氧的条件下生成的。在发动机工作过程中，如适时、适量地将部分废气再次引入气缸内，因为废气中的主要成分 $CO_2$ 的比热容比较大，所以废气可将燃烧产生的部分热量吸收并带出气缸，并对混合气有一定的稀释作用，降低了发动机燃烧的最高温度和氧含量，从而减少了 $NO_x$ 化合物的生成量。但是过度的废气再循环将影响发动机的正常工作，特别是在怠速、低转速、小负荷及发动机处于冷态运行时，以及在全负荷（节气门全开）工况下要求发动机动力性时，再循环的废气将对发动机的性能产生严重的影响。因此，废气再循环系统只在发动机部分负荷工况下工作，在发动机怠速和全负荷工况下不工作，并且其参与工作的条件为冷却液温度高于 35℃。

废气再循环的控制指标大多采用 EGR 率表示，其定义如下：

EGR 率=[废气再循环气体流量/(吸入空气量+废气再循环气体流量)]×100%

EGR 率越大，表示参与废气再循环的废气量越多。

## 技能训练

### 训练 2　废气再循环系统的认识与检测

1. 实操准备

本训练需准备的设备和资料如表 8-5 所示。

表 8-5　本训练需准备的设备和资料

| 设备准备 | 资料准备 |
| --- | --- |
| 五菱荣光发动机、汽车故障诊断仪、万用表、常用拆装工具 | 五菱荣光维修手册 |

2. 电路原理图

查询五菱荣光维修手册，在下面的框中画出发动机 EGR 电磁阀的电路图，并标明引脚。

| 电路图： |
| --- |
| |

3. 检测 EGR 电磁阀

（1）动作测试：使用汽车故障检测仪进行主动测试，查看电磁阀是否工作。

（2）电磁阀的测量：使用万用表电阻挡，测量电磁阀的电阻，所测电阻为________。

4. 故障码识别

由教师设置两或三个故障，学生使用汽车故障诊断仪进行检测，读取故障码，并填写表 8-6。

**表 8-6　故障码的读取结果**

| 车型：　　生产日期：<br>VIN 码： | | | 诊断仪型号： | |
| --- | --- | --- | --- | --- |
| | 序号 | 故障码编号 | 故障码的含义 | 能否清除 |
| 第一次读取的故障码 | 1 | | | |
| | 2 | | | |
| | 3 | | | |
| 第二次读取的故障码 | 1 | | | |
| | 2 | | | |
| | 3 | | | |

## 考核评价

1. 学生互检

小组内，学生互相考核与讨论，主要内容：①在发动机实训台架电路板上找到 EGR 电磁阀电路，说明其电路原理；②在发动机上找到 EGR 电磁阀，说明其作用。

2. 教师抽查

由教师抽查部分学生，考核的内容：①EGR 电磁阀的安装位置，废气再循环的工作过程；②EGR 电磁阀的测量；（3）汽车故障诊断仪读取故障信息、数据流。

# 8.3　三元催化器及氧传感器的检测

## 知识目标

1．掌握三元催化器的功能、工作过程；
2．掌握氧传感器的安装位置、作用、工作过程。
3．会检测氧传感器。

## 理论知识

1．三元催化器

1）功能

三元催化器（图 8-6）是发动机排气系统中的专用催化装置，它既能够将废气中 90%以上的 HC 和 CO 氧化，也能够将废气中的 $NO_x$ 还原成无害的氮气和氧气。

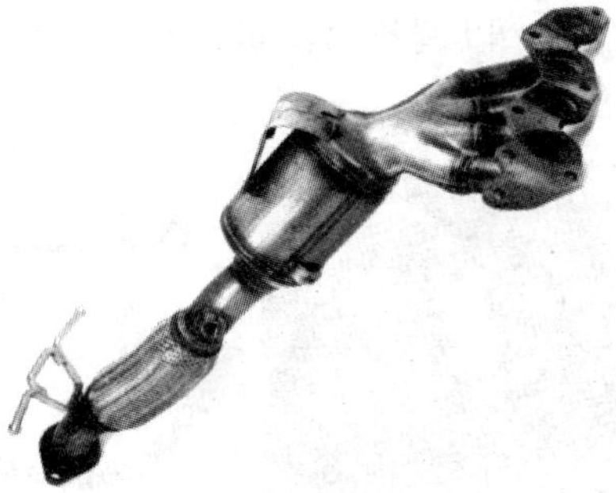

图 8-6　三元催化器

2）安装位置和结构

三元催化器安装在发动排气歧管后方，一般由外壳、隔热垫和催化剂载体（表面附着有催化剂）组成，如图 8-7 所示。

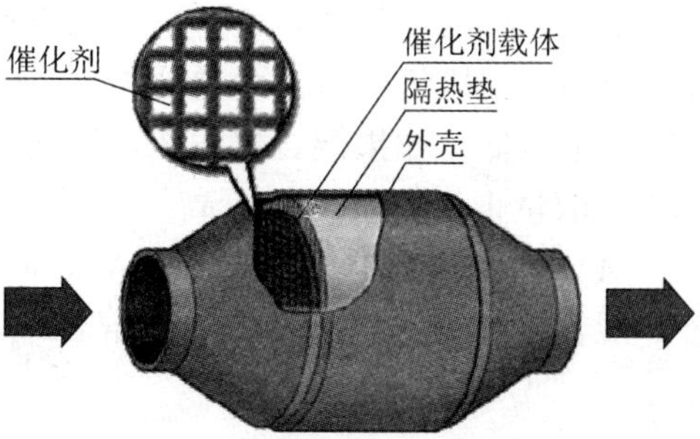


图 8-7　三元催化器的结构

3）工作过程

当发动机尾气中的物质 HC、CO、$NO_x$ 通过三元催化器内部蜂巢状的催化剂载体时，温度较高的 CO 和 HC 在催化剂铂和钯的作用下与氧发生氧化-还原反应，生成无害的水和二氧化碳，$NO_x$ 则在催化剂铑的作用下被还原为无害的氧气和氮气。三元催化器的工作过程如图 8-8 所示。

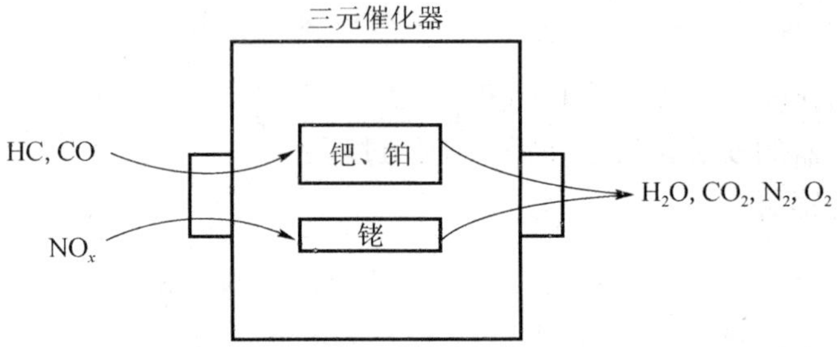


图 8-8　三元催化器的工作过程

2. 氧传感器

1）安装位置和作用

如图 8-9 所示，氧传感器安装在排气管上。氧传感器的作用是监测发动机尾气中氧的浓度，并将信息反馈给发动机 ECU，以调整喷油量，从而实现发动机的闭环控制，改善发动机的燃烧性能，减少有害气体的排放。

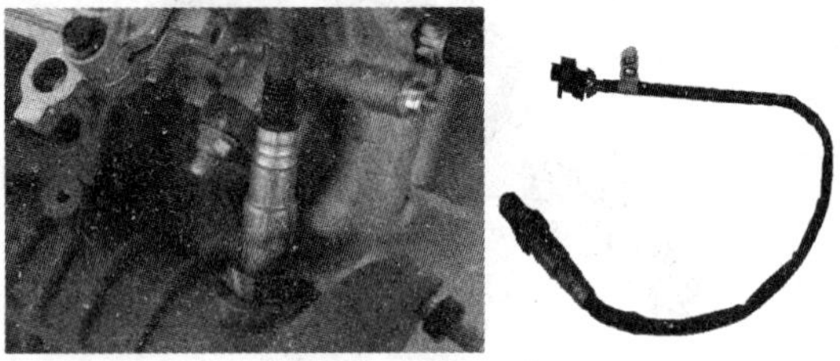

图 8-9　氧传感器

2）结构和工作过程

氧传感器的基本元件是氧化铝专用陶瓷体，锆管表面装有透气的铂电极及接头，它的内表面与大气相通，外表面与废气相通。锆管的陶瓷体是多孔的，可以让氧渗入，当温度高于 300℃时氧气发生电离，如果陶瓷体内的大气与废气侧的氧气浓度不同，就会在两个铂电极表面产生电压降。如果混合气很稀，则排气中氧的含量比较高，陶瓷体内外两侧的氧含量相差小，氧离子的扩散量少，信号电压低；如果混合气很浓，则排气中的氧含量很低，陶瓷体内外氧浓度相差很大，氧离子扩散量很大，信号电压高。

当氧传感器正常工作时，氧传感器信号电压值在 0～1V 之间变化，参考电压为 0.45V，当氧传感器电压高于此值时，混合气过浓；低于此值时，混合气过稀。

3. 空燃比反馈控制

发动机控制系统中普遍采用由氧传感器组成的空燃比反馈控制方式，即闭环控制方式。

在三元催化器前面的排气歧管或排气管内装有氧传感器，它可根据排气中氧含量的多少来判断混合气的浓或稀，并将此信号传送给发动机 ECU，从而可以通过控制喷油量的增加或减少来进行调节。

## 知识拓展

空燃比表示空气和燃料的混合比。空燃比是发动机运转时的一个重要参数，它对尾气排放、动力性和经济性都有很大的影响。

当发动机工作时，燃料和空气必须以适当的比例进行混合才能形成可以燃烧的混合气，这个比例就是空燃比。从理论上讲，每克燃料完全燃烧所需的最少的空气克数，称为理论空燃比。各种燃料的理论空燃比也是不相同的，其中汽油为 14.7，柴油为 14.3。

空燃比大于理论值的混合气称为稀混合气，气多油少，燃烧完全，油耗低，污染小，但功率较小。空燃比小于理论值的混合气称为浓混合气，气少油多，功率较大，但燃烧不完全，油耗高，污染大。

## 技能训练

### 训练 3　氧传感器的检测

1. 实操准备

本训练需准备的设备和资料如表 8-7 所示。

表 8-7　本训练需准备的设备和资料

| 设备准备 | 资料准备 |
|---|---|
| 五菱荣光 1.5L 发动机、汽车故障诊断仪、万用表、常用拆装工具 | 五菱荣光维修手册 |

2. 电路原理图

查询五菱荣先维修手册，在下面的框中画出荣光 1.5L 发动机氧传感器的电路图，并标明引脚。

| 电路图： |
|---|

画好电路图后，在发动机上找到两个氧传感器，观察其线束与电路原理图是否一致。

3. 故障码识别

由教师设置两或三个故障，学生使用汽车故障诊断仪进行检测，读取故障码，并填写表 8-8。

**表 8-8　故障码的读取结果**

<table>
<tr><td colspan="3">车型：　　　　　　生产日期：<br>VIN 码：</td><td colspan="2">诊断仪型号：</td></tr>
<tr><td rowspan="4">第一次读取的故障码</td><td>序号</td><td>故障码编号</td><td>故障码的含义</td><td>能否清除</td></tr>
<tr><td>1</td><td></td><td></td><td></td></tr>
<tr><td>2</td><td></td><td></td><td></td></tr>
<tr><td>3</td><td></td><td></td><td></td></tr>
<tr><td rowspan="3">第二次读取的故障码</td><td>1</td><td></td><td></td><td></td></tr>
<tr><td>2</td><td></td><td></td><td></td></tr>
<tr><td>3</td><td></td><td></td><td></td></tr>
</table>

4. 信号电压的测量或数据流的读取

（1）起动发动机到正常温度，用两个万用表同时测量两个氧传感器的信号电压，仔细观察它们信号电压的变化范围，前氧传感器的信号电压变化范围是________V，后氧传感器的信号电压变化范围是________V。根据前后氧传感器的信号电压判断三元催化器的好坏，判断结果：________。

（2）使用汽车故障诊断仪，读取在不同工况下氧传感器信号的数据流。

## 考核评价

1. 学生互检

小组内，学生互相考核与讨论，主要内容：①在发动机实训台架电路板上找到氧传感器电路，说明其电路原理；②在发动机上找到氧传感器，说明其作用。

2. 教师抽查

由教师抽查部分学生，考核的内容：①氧传感器的安装位置；②氧传感器加热线圈电阻的测量；③氧传感器信号电压的测量；④汽车故障诊断仪读取故障信息、数据流。考核中要边考核边填写评价表（表 8-9）。

**表 8-9　氧传感器的检测考核评价表**

<table>
<tr><td colspan="2">被考核人信息</td><td>班级</td><td></td><td>姓名</td><td></td><td>学号</td><td></td></tr>
<tr><td>序号</td><td>项目及配分</td><td colspan="5">考核记录</td><td>教师评价</td></tr>
<tr><td>1</td><td>氧传感器电路（30 分）</td><td colspan="5">由学生对着发动机台架电路板画出氧传感器电路图，并注明各线的标号</td><td></td></tr>
</table>

续表

| 被考核人信息 | | 班级 | | 姓名 | | 学号 | |
|---|---|---|---|---|---|---|---|
| 序号 | 项目及配分 | 考核记录 | | | | | 教师评价 |
| 2 | 氧传感器加热线圈电阻的测量（10 分） | 加热线圈的电阻阻值为________Ω | | | | | |
| 3 | 氧传感器信号电压的测量（25 分） | 测量出氧传感器信号电压的变化范围。<br>信号电压的变化范围：________ | | | | | |
| 4 | 汽车故障诊断仪的使用（15 分） | 由教师预先设置氧传感器的故障。<br>读取的故障代码：________；<br>读取的数据流：发动机转速为________、水温为________<br>氧传感器信号为________ | | | | | |
| 5 | 工作安全、规范操作、时间要求（20 分） | 由考核教师根据学生在整个过程中的表现评分，要进行必要的说明。 | | | | | |
| 总分 | 100 分 | | | | | | |
| 考核教师签名 | | | 日期 | | 用时：　　分 | | |

## 课后练习

### 一、填空题

1. 废气循环系统的作用是________。
2. 前氧传感器信号的作用是________，后氧传感器信号的作用是________。
3. 混合气越稀，氧传感器的信号电压________，反之，混合气越浓，氧传感器的信号电压为________。
4. 空燃比反馈控制主要依据________传感器的信号。
5. 燃油蒸发排放控制系统主要由________、________、________等主要部件组成。

### 二、判断题

1. 废气涡轮增压的主要作用是减少发动机尾气的污染。（　　）
2. 活性炭罐受 ECU 控制，在各种工况下都工作。（　　）
3. 只要发动机运转，就会进行空燃比反馈控制。（　　）
4. 当二氧化锆式氧传感器输出 0.1V 左右的低电压时，说明混合气浓。（　　）
5. 电控废气再循环系统的 EGR 率最高不超过 10%。（　　）
6. 空燃比闭环控制的前提是氧传感器能产生正常的信号。（　　）
7. 废气再循环（EGR）的目的是减少废气中的 CO、HC 和 $NO_x$ 的生成量。（　　）

### 三、选择题

1. 如果三元催化转换器良好，后氧传感器信号波动（　　）。

A．频率高　B．增加　C．没有　D．缓慢

2．不属于发动机排放控制的是（　　）。

A．曲轴箱通风　B．废气再循环　C．涡轮增压　D．空燃比反馈控制

3．采用三元催化转换器必须安装（　　）。

A．前氧传感器　B．后氧传感器　C．前、后氧传感器

4．发动机过热将使（　　）。

A．废气再循环系统工作不良　B．燃油蒸发量急剧增多

C．三元催化转换器易损坏　D．曲轴箱窜气增加

5．发动机怠速时，没有处于关闭状态的是（　　）。

A．废气再循环装置　B．活性炭罐控制电装置

C．曲轴箱通装置　D．喷油器

## 四、问答题

1．简述五菱荣光 1.5L 发动机氧传感传感器的检测方法。

2．什么是废气再循环系统？其有什么作用？

3．简述空燃比闭环控制的工作过程。

4．简述燃油蒸发排放控制系统的组成及工作过程。

5．三元催化器的功能是什么？

# 模块9　检测废气涡轮增压系统

学习目标

1. 了解增压系统的作用、类型；
2. 了解各种类型增压系统的优点和缺点；
3. 通过拆装知道废气涡轮增压系统结构、各主要零部件的安装位置、接线方式；
4. 通过检测废气涡轮增压系统各主要零部件了解其保养、维护的方法，并判断其是否需要更换。

## 9.1　认识废气涡轮增压系统

### 知识目标

1. 了解增压系统的作用、类型；
2. 了解各种类型增压系统的优点和缺点。

### 理论知识

1. 增压系统的作用

现代各种汽车动力装置对动力性能的要求越来越高，因此要求发动机的强化程度不断提高。

发动机增压系统就是将空气进行预压缩，再供入气缸，以提高空气密度，增加进气量的系统。增压后的发动机进气量增加，可相应地增加循环供油量，从而增加发动机功率。另外，增压还可以提高燃油经济性，改善发动机排放性能。

2. 增压系统的类型

按增压的方式不同，增压系统可分为废气涡轮增压系统、机械式增压系统、气波增压系统及复合增压系统。

1）废气涡轮增压系统

废气涡轮增压系统利用发动机排放的废气达到增压目的。增压器与发动机无任何机械联系，压气机由内燃机废气驱动的涡轮来带动，如图 9-1 所示。

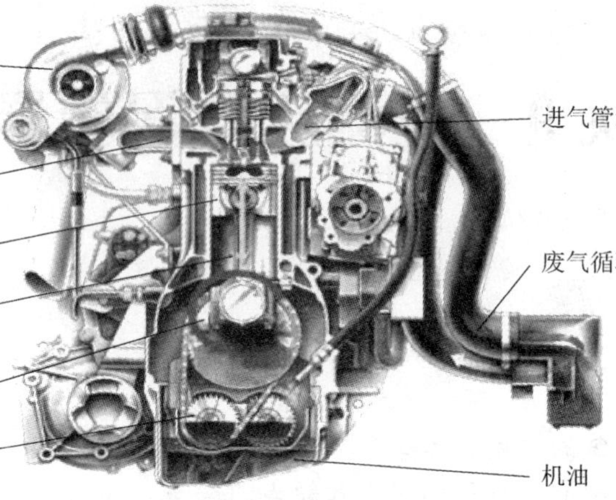


图 9-1　废气涡轮增压系统

2）机械增压系统

机械增压系统在发动机上，通过传送带与发动机曲轴相连接，从发动机输出轴获得动力来驱动增压器的转子旋转，从而将空气增压吹到进气岐道，如图 9-2 所示。

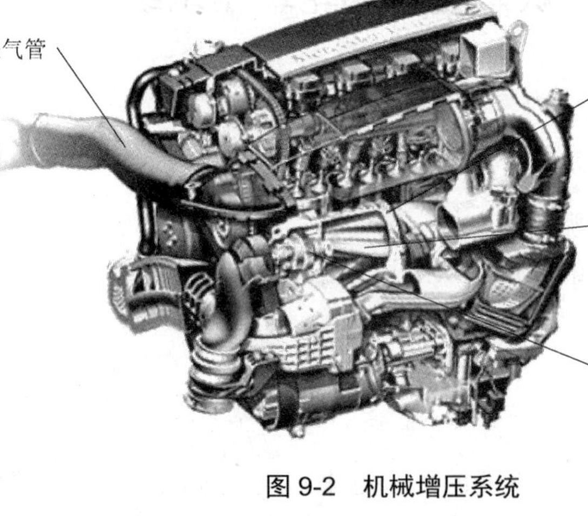


图 9-2　机械增压系统

3）气波增压系统

气波增压系统是使用发动机做功后尾气的动力，借助一系列由发动机带动的转子和定子的调节箱，直接将进气压缩输入气缸。气波增压系统利用高压废气的脉冲气波迫使空气压缩，如图 9-3 所示。

4）复合增压系统

复合增压系统将废气涡轮增压系统和机械增压系统并用，这种系统在大功率柴油机上采用较多，其发动机输出功率大、燃油消耗率低、噪声小，只是结构太复杂，技术含量高，不易维修保养，因此很难普及，如图 9-4 所示。

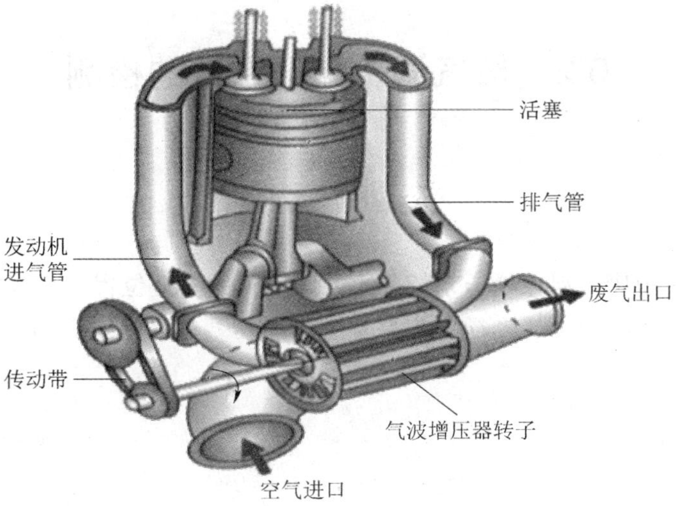


图 9-3　气波增压系统

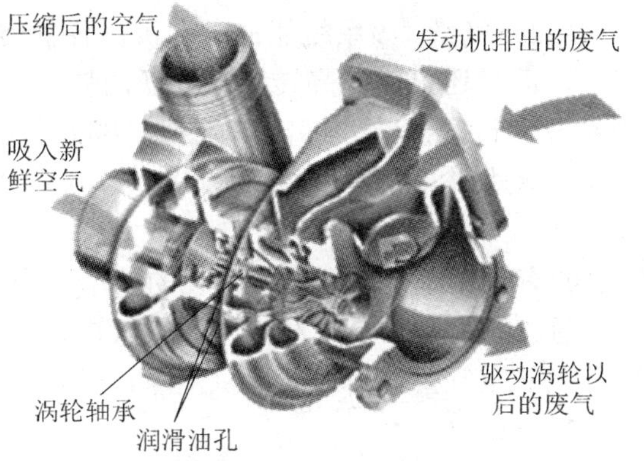


图 9-4　复合增压

3. 各种类型增压系统的优点和缺点

各种类型增压系统的优点和缺点如表 9-1 所示。

表 9-1　各种类型增压系统的优点和缺点

| 类型 | 优点 | 缺点 |
|---|---|---|
| 废气涡轮增压系统 | （1）能提高进气密度，增加进气量；<br>（2）能消除海拔不同对发动机的影响；<br>（3）不消耗发动机输出的有效功率 | 由于发动机尾气从气缸中排出后需要推动涡轮，使废气在排气管道运动的过程遇到阻碍，增加了排气背压，影响气缸排气的顺畅性 |
| 机械增压系统 | 发动机转速和增压器的转子是速度同步进行的，因而不存在超前或滞后，发动机动力输出流畅而稳定 | 机械增压因摩擦力大，动力消耗大，增压效率不高；对发动机输出动力造成一定程度的损耗 |
| 气波增压系统 | 这种系统低速增压性能好、加速性好、工况范围大 | 尺寸大、笨重和噪声大 |
| 复合增压系统 | （1）机械增压有助于低转速时的扭力输出；<br>（2）废气涡轮增压在高转速时拥有强大的功率输出 | （1）机械增压在高转速时功率输出有限；<br>（2）废气涡轮增压在低转速时力不从心 |

# 9.2 废气涡轮增压系统的检测

## 知识目标

1. 通过拆装知道废气涡轮增压系统各主要零部件的安装位置、接线方式；

2. 通过检测废气涡轮增压系统各主要零部件了解其保养、维护的方法，并判断其是否需要更换。

## 理论知识

1. 废气涡轮增压系统

1）废气涡轮增压系统的优点

（1）能提高进气密度，增加充气量。该系统能使发动机在各种转速下达到最佳充气效果，可增加发动机功率40%左右，而且还可以提高转矩，降低油耗。

（2）能消除海拔不同对发动机的影响，即能消除大气压力的不同引起的实际充气量的变化对发动机的影响。一般发动机海拔高度升高 1000m，功率下降 8%～10%，油耗增加4%～5%。

（3）不消耗发动机输出的有效功率。增压器所消耗的功率是由排出的废气提供，并不消耗发动机输出的有效功率，通过涡轮增压系统对吸入的空气进行压缩，增大气体密度，从而增加每个进气冲程进入燃烧室的空气量，增加循环供油量，提高功率和转矩、燃烧效率，以及整机使用经济性。

2）涡轮增压发动机的缺点

涡轮增压的确能够提升发动机的动力，不过它也存在一些缺点。其中最明显的就是动力输出反应滞后。由于叶轮的惯性作用导致发动机对节气门骤时变化反应迟缓，即从增大节气门开度，到叶轮转动将更多空气压进发动机获得更大动力之间存在一个时间差，而且这个时间较长。一般经过改良的涡轮增压系统也要至少 2s 来增加或减少发动机动力输出。如果驾驶员要突然加速的话，会有提不上速度的感觉。

3）废气涡轮增压系统的结构

废气涡轮增压系统按增压形式的不同，可以分为旁通阀式废气涡轮增压系统、带中冷器的废气涡轮增压系统和可调叶片式废气涡轮增压系统三种。

（1）旁通阀式废气涡轮增压系统。其在排气管中装有排气涡轮，利用发动机的排气能量驱动排气涡轮旋转。在进气管中装有压气机，涡轮与泵轮同轴。在排气管泵轮的排气旁通通道上设置有切换阀，可以打开或关闭排气的旁通通道，从而使废气不流经或流经泵轮。切换阀受驱动气室的弹簧和气体压力的控制，当有气体压力时，克服弹簧力，切换阀关闭排气的旁通通道，如图 9-5 所示。

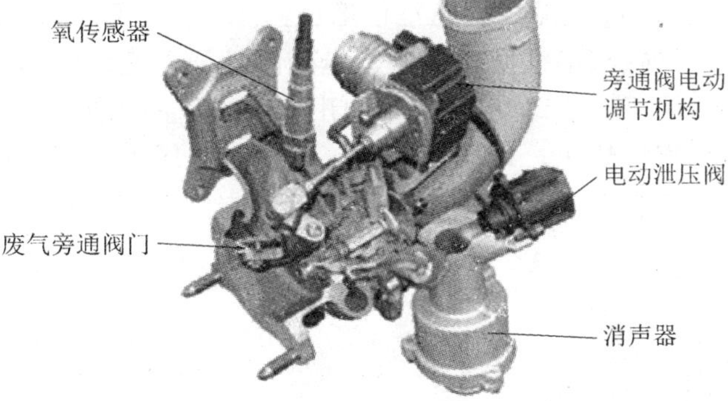


图 9-5　旁通阀式废气涡轮增压系统

（2）带中冷器的废气涡轮增压系统。其在普通废气涡轮增压系统的基础上增加了中冷器（中冷器就是一个热交换器，用于交换空气间的热量）。中冷器通常安装在涡轮增压器出口与进气歧管之间，其作用是冷却增压后的空气，增大空气密度，提高充气效率，以节约汽油，从而达到提高动力性和经济性的目的，如图 9-6 所示。

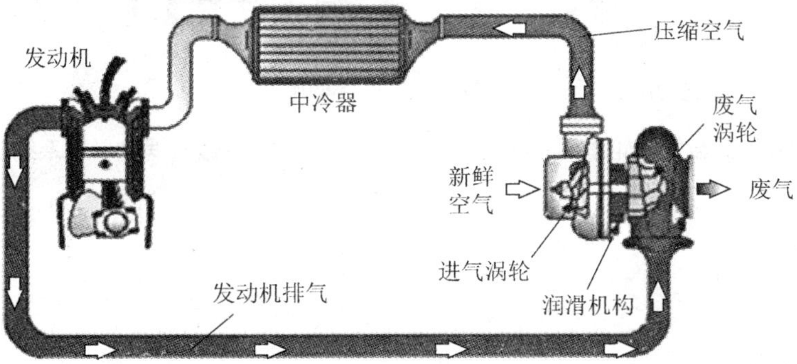


图 9-6　带中冷器的废气涡轮增压系统

（3）可调叶片式废气涡轮增压系统。可调叶片式废气涡轮增压系统配有旋转电子执行器（REA），可以改变可调叶片的几何尺寸，以满足发动机不同负荷与转速下的增压要求。涡轮增压器安装在发动机的排气歧管上，使用支架固定在气缸体上。隔热板安装在涡轮增压器和排气歧管上部以保护其他部件，并防止涡轮增压器与热排气部件意外接触，如图 9-7 所示。

4）废气涡轮增压系统的工作原理

排气管中的废气在流动的同时会推动废气涡轮发生旋转， 废气涡轮的旋转会带动进气道中的进气涡轮。因此，在发动机为汽车排气的同时，进气涡轮把进入发动机的空气进行压缩提供给燃烧室，提高了进气效率，如图 9-8 所示。

5）废气涡轮增压系统的工作过程

ECU 根据发动机转速传感器信号、水温传感器信号及大气压力信号决定涡轮增压系统是否工作。当达到涡轮增压系统工作的要求时，即 ECU 检测到的进气压力在 0.098MPa 以下时，受 ECU 控制的电磁阀的搭铁回路断开，电磁阀关闭。此时由涡轮增压器出口引入的压力空气，进入驱动气室，克服气室弹簧的压力推动切换阀将废气进入涡轮室的通道打开，同时将排气旁通口关闭，此时废气流经涡轮室使增压器工作。当 ECU 检测到的进气压力高于 0.098MPa 时，ECU 将电磁阀搭铁回路接通，电磁阀打开，通往驱动气室的压力空气被切断，在气室弹簧弹力作用下，驱动切换阀，关闭进入涡轮室的通道，同时将排气旁通口打开，废气不经涡轮室而直接排出，增压器停止工作，进气压力下降，直至进气压力降到规定的压力时，ECU 将电磁阀关闭，切换阀将进入涡轮室的通道口打开，废气涡轮增压器又开始工作。

图 9-7　可调叶片式废气涡轮增压系统

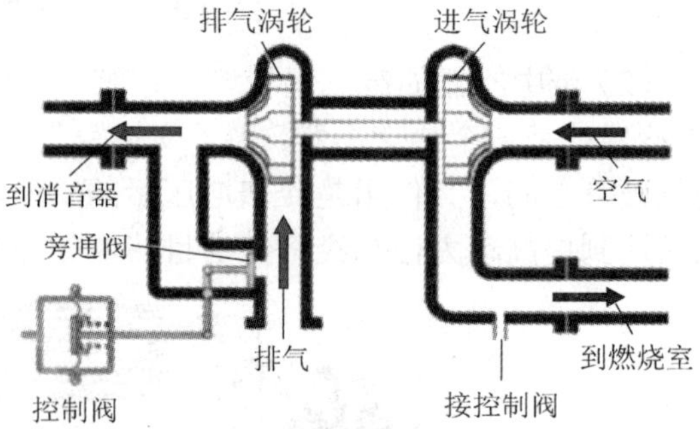


图 9-8　废气涡轮增压系统的工作原理

## 课后练习

### 一、填空题

1．按增压的方式不同，增压系统可分为________、________、________及复合增压系统。

2．废气涡轮增压系统按增压形式的不同，可以分为________、________和可调叶片式废气涡轮增压系统三种。

3．废气涡轮增压系统主要由________和________组成。

### 二、问答题

1．各种类型增压系统的优点和缺点是什么？

2．简述废气涡轮增压系统的工作过程。

# 模块 10　检测可变气门正时系统

学习目标

1. 掌握可变气门正时系统的作用、组成，以及各主要部件的功能；
2. 通过简单的拆装，懂得可变气门正时系统各主要零部件的安装位置、接线方式；
3. 通过查阅维修资料，会检测可变气门正时系统的控制电磁阀；
4. 会对整体维修工作进行简单的小结。

## 可变气门正时系统的检测

### 理论知识

下面以丰田双智能可变气门正时（Variable Valove Timing-intelligent，VVT-i）系统为例，介绍可变气门正时系统的相关知识。

1. 双 VVT-i 系统的作用

双 VVT-i 系统可将进气凸轮轴和排气凸轮轴分别控制在 55° 和 40° （曲轴转角）左右，以提供适合发动机运转的最佳气门正时，从而增大所有转速范围内的转矩，提高燃油经济性并减少废气排放。

2. 双 VVT-i 系统的组成

双 VVT-i 系统主要包括进气凸轮轴正时控制阀、排气凸轮轴正时控制阀、进气凸轮轴位置传感器、排气凸轮轴位置传感器、曲轴位置传感器、水温传感器、空气流量计、节气门位置传感器、发动机 ECU 等组成，如图 10-1 所示。

3. 双 VVT-i 系统的工作原理

双 VVT-i 系统的工作原理如下：发动机 ECU 根据发动机转速、进气质量、节气门位置和水温计算各种行驶状况下的最佳气门正时，同时控制凸轮轴正时机油控制阀。此外，发动机 ECU 利用来自凸轮轴位置传感器和曲轴位置传感器的信号检测实际气门正时，以提供反馈控制来获得目标气门正时，如图 10-2 所示。

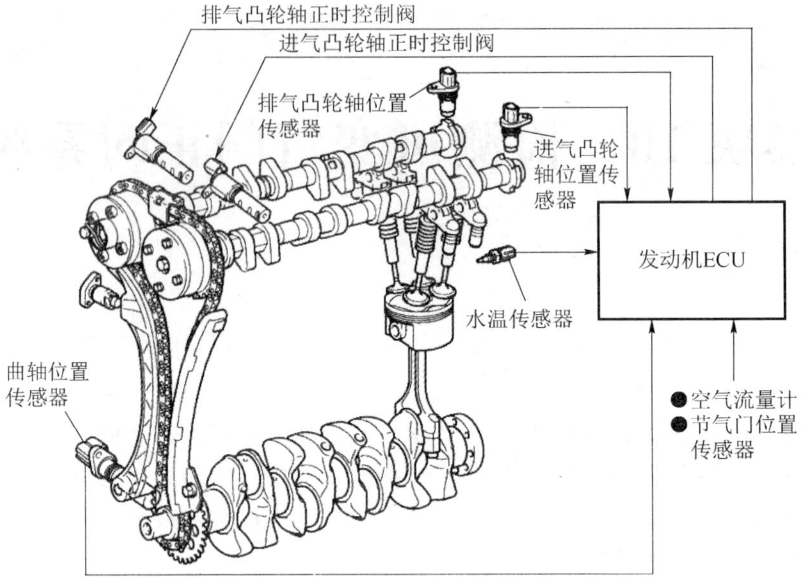


图 10-1　双 VVT-i 系统的结构

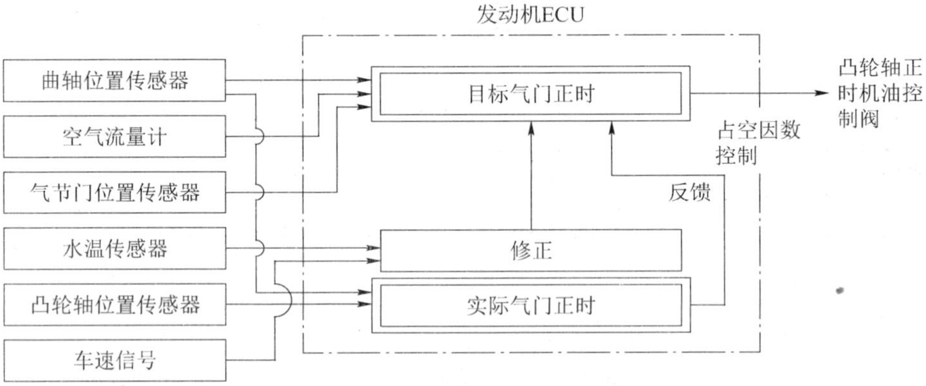


图 10-2　双 VVT-i 系统的工作原理

4. 双 VVT-i 系统主要零部件的结构及其工作原理

1）VVT-i 控制器

VVT-i 控制器由受正时链条驱动的壳和与进气凸轮轴或排气凸轮轴结合在一起的叶片组成，在进气和排气侧均有四个叶片。来自进气凸轮轴和排气凸轮轴提前或延迟侧通道的机油压力使 VVT-i 控制器叶片按圆周方向旋转以持续改变进气门正时和排气门正时。发动机停止时，锁销将进气凸轮轴锁止在最延迟端并将排气凸轮轴锁止在最提前端，以确保发动机正常起动。排气侧 VVT-i 控制器采用了提前辅助弹簧。发动机停止时，此弹簧在提前侧施加转矩，从而确保锁销的啮合。进气侧 VVT-i 控制器和排气侧 VVT-i 控制器分别如图 10-3 和图 10-4 所示。

2）凸轮轴正时机油控制阀

凸轮轴正时机油控制阀（图 10-5）根据来自发动机 ECU 的占空比控制滑阀。这样，液压可以施加到 VVT-i 控制器的提前侧或延迟侧。发动机停机时，凸轮轴正时机油控制阀将处于最延迟位置。进气凸轮轴正时机油控制阀和排气凸轮轴正时机油控制阀分别如图 10-6 和图 10-7 所示。

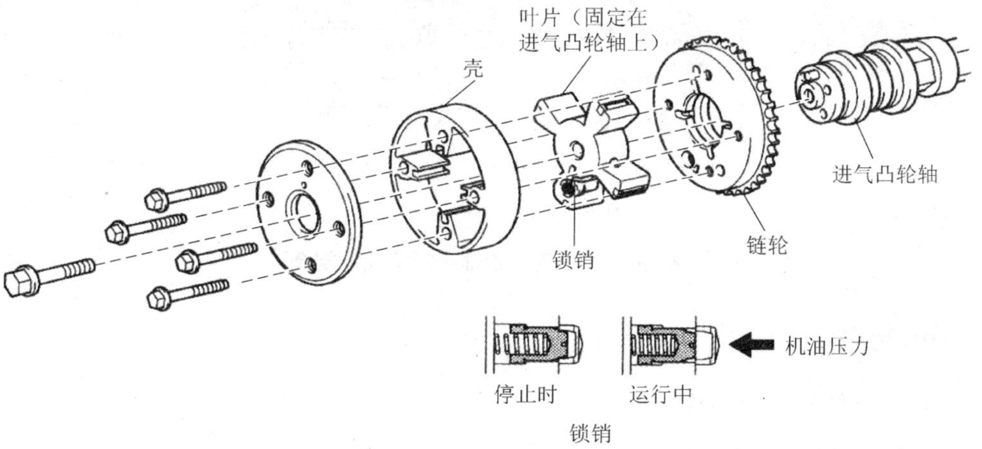


图 10-3　进气侧 VVT-i 控制器

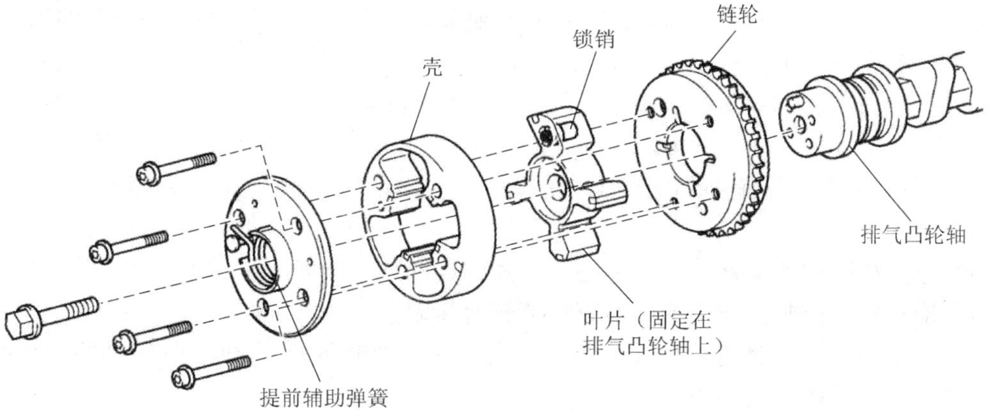


图 10-4　排气侧 VVT-i 控制器

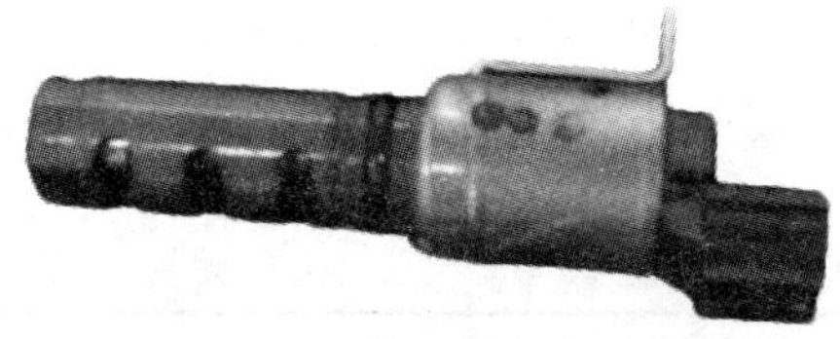

图 10-5　凸轮轴正时机油控制阀

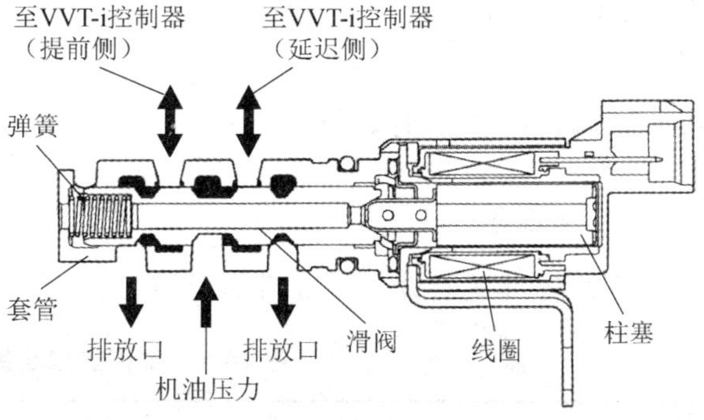


图 10-6　进气凸轮轴正时机油控制阀

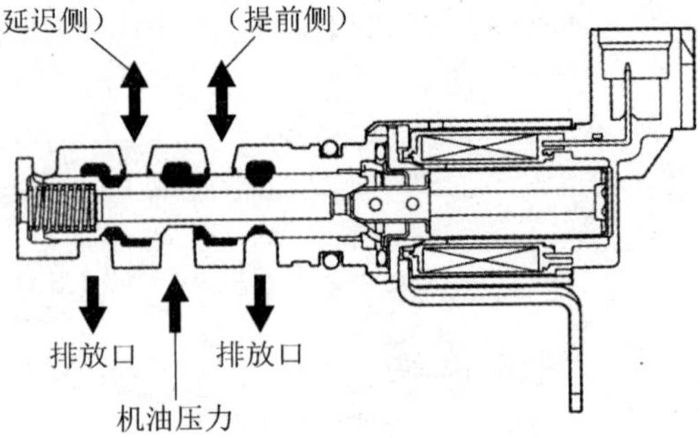


图 10-7　排气凸轮轴正时机油控制阀

## 知识拓展

双 VVT-i 系统各部件的检测方法

（1）使用汽车故障诊断仪（操作凸轮轴正时机油控制阀）进行主动测试。进行主动测试时应打开空调。当发动机起动时，发动机冷却液的温度应该为 30° 或 30° 以下；当机油控制阀关闭时，应为正常发动机转速；当机油控制阀打开时，发动机怠速不稳或失速。

（2）检查凸轮轴正时机油控制阀总成。

① 拆下凸轮轴正时机油控制阀总成；测量电磁阀电阻，该电阻阻值正常时应为 6.9～7.9Ω。

② 将蓄电池正电压施加到端子 1，负电压施加到端子 2，检查其工作情况。正常情况下，该控制阀迅速移动。

（3）检查线路和连接器：检测线路有无短路、断路、接触不良。

（4）检查机油控制阀滤清器：检查滤清器有无阻塞。

（5）检查凸轮轴正时齿轮总成：测量最小直径（带链条），曲轴、凸轮轴的直径如果小于最小直径，则更换链条和齿轮。

（6）调整气门正时。

## 技能训练

### 训练　双 VVT-i 系统的认识

1. 实操准备

本训练需准备的设备和资料如表 10-1 所示。

表 10-1　本训练需准备的设备和资料

| 设备准备 | 资料准备 |
| --- | --- |
| 2008 款一汽丰田卡罗拉 1.6L 汽车、万用表 | 2008 款一汽丰田卡罗拉维修手册 |

2. 找实物

在汽车上找到双 VVT-i 系统各主要零部件的安装位置，并能说出其名称、作用。

3. 静态检测

（1）拔下进气凸轮轴正时机油控制阀和排气凸轮轴正时机油控制阀，将点火开关置于“ON”位置，测量其电压值，并填写表 10-2 和表 10-3。

表 10-2　进气凸轮轴正时机油控制阀电压值的测量

| 测量结果／端子 | 实测电压值 | 标准值 | 测量结果判断 |
| --- | --- | --- | --- |
| 1 | | | |
| 2 | | | |

表 10-3　排气凸轮轴正时机油控制阀电压值的测量

| 测量结果／端子 | 实测电压值 | 标准值 | 测量结果判断 |
| --- | --- | --- | --- |
| 1 | | | |
| 2 | | | |

（2）测量凸轮轴正时机油控制阀的电阻值，并填写表 10-4。

表 10-4　凸轮轴正时机油控制阀电阻值的测量

| 测量结果／位置 | 实测电压值 | 标准值 | 测量结果判断 |
| --- | --- | --- | --- |
| 进气侧 | | | |
| 排气侧 | | | |

（3）使点火开关处于“OFF”位置，分别对进气凸轮轴正时机油控制阀和排气凸轮轴正时机油控制阀进行搭铁线的测量，并填写表 10-5 和表 10-6。

表 10-5　进气凸轮轴正时机油控制阀搭铁线的测量

| 测量结果／端子 | 实测值 | 标准值 | 测量结果判断 |
| --- | --- | --- | --- |
| 1 | | | |
| 2 | | | |

表 10-6　排气凸轮轴正时机油控制阀搭铁线的测量

| 测量结果／端子 | 实测值 | 标准值 | 测量结果判断 |
| --- | --- | --- | --- |
| 1 | | | |
| 2 | | | |

4. 动态检测

（1）起动发动机，并使发动机处于怠速运行状态，测量其电压值，并填写表 10-7。

表 10-7 凸轮轴正时机油控制阀电压值的测量（怠速状态）

| 测量结果<br>位置 | 实测电压值 | 标准值 | 测量结果判断 |
| --- | --- | --- | --- |
| 进气侧 | | | |
| 排气侧 | | | |

（2）把发动机加速至 3000r/min，测量其电压值，并填写表 10-8。

表 10-8 凸轮轴正时机油控制阀电压值的测量（300r/min 时）

| 测量结果<br>位置 | 实测电压值 | 标准值 | 测量结果判断 |
| --- | --- | --- | --- |
| 进气侧 | | | |
| 排气侧 | | | |

## 考核评价

1. 学生互检

小组内，学生互相考核与讨论，主要内容：①利用丰田卡罗拉 1.6L 汽车电路图找到 VVT-i 系统的电路，说明其电路原理；②在发动机上找到 VVT-i 系统控制阀。

2. 教师抽查

由教师抽查部分同学，考核的内容：①VVT-i 系统控制阀电阻阻值的测量；②VVT-i 系统控制阀电源线、搭铁线的检查。

## 课后练习

### 一、填空题

1．发动机 ECU 根据________、________、节气门位置和水温计算各种行驶状况下的最佳气门正时。

2．发动机 ECU 利用来自________和________的信号检测实际气门正时。

3．发动机停止时，锁销将进气凸轮轴锁止在________，并将排气凸轮轴锁止在________，以确保发动机正常起动。

4．凸轮轴正时机油控制阀根据来自发动机 ECU 的________控制滑阀。

5．给凸轮轴正时机油控制阀直接连接蓄电池的正负极，检查其工作情况。在正常情况下，该控制阀能________。

## 二、判断题

1．发动机停止时，锁销将进气凸轮轴锁止在最提前端并将排气凸轮轴锁止在最延迟端，以确保发动机正常起动。（　　）

2．测量凸轮轴正时齿轮最小直径时，不允许带链条一起测量。（　　）

3．双 VVT-i 系统只能改变进气侧正时，不能改变排气侧正时。（　　）

4．双 VVT-i 系统能增大所有转速范围内的转矩，提高燃油经济性并减少废气排放。（　　）

5．进气侧 VVT-i 控制器和排气侧 VVT-i 控制器均采用了提前辅助弹簧。（　　）

## 三、选择题

1．拆下凸轮轴正时机油控制阀总成，测量其电磁阀的电阻阻值为（　　）Ω。

A．1～5　　B．6.9～7.9　　C．11～15　　D．16.9～20.9

2．发动机停机时，凸轮轴正时机油控制阀将处于（　　）。

A．最延迟位置　　B．最提前位置　　C．不变的位置　　D．先延迟，后提前

3．VVT-i 控制器由受正时链条驱动的壳和与进气凸轮轴或排气凸轮轴结合在一起的叶片组成。在进气和排气侧均有（　　）个叶片。

A．2　　B．4　　C．5　　D．6

4．凸轮轴正时机油控制阀总成的电磁阀工作电压为（　　）V。

A．5　　B．6　　C．12　　D．24

5．检查凸轮轴正时齿轮总成，测量最小直径；曲轴、凸轮轴的直径如果小于最小直径，则更换（　　）。

A．凸轮轴　　B．链条　　C．齿轮　　D．链条和齿轮

## 四、问答题

1．组成双 VVT-i 系统的零部件有哪些？

2．丰田双 VVT-i 系统的作用是什么？

3．写出 VVT-i 控制器的工作过程。

# 模块 11　认识缸内直喷系统

学习目标

1. 了解缸内直喷发动机的燃烧过程；
2. 认识直喷发动机油路系统的组成；
3. 认识直喷发动机的主要组成部件；
4. 能描述高压燃油产生的过程。

## 缸内直喷系统的基本认识

### 理论知识

缸内直喷技术就是直接将燃油喷入气缸内与进气混合的技术。缸内直喷技术使喷射压力进一步提高，燃油雾化更加细致，真正实现了精准地按比例控制喷油，并使其与进气混合，克服了缸外喷射的缺点。由于缸内直喷系统喷嘴位置、喷雾形状、进气气流控制，以及活塞顶形状等特别的设计，使油气能够在整个气缸内充分、均匀地混合，从而使燃油充分燃烧，能量转化效率更高。

直喷发动机与传统缸外喷射发动机相比有以下优点：

（1）油耗量低，功率大。

（2）空燃比达到 40∶1（一般汽油发动机的空燃比是 15∶1），也就是人们所说的“稀燃”。

（3）压缩比高达 12，与同排量的一般发动机相比功率与转矩都提高了 10%。

1. 缸内直喷发动机的燃烧过程

本节以奥迪汽车为例进行介绍。所谓缸内直喷就是指直接往气缸内喷射汽油，进行燃烧（图 11-1）。缸内直喷发动机根据发动机机负荷工况，基本上可以自动选择两种运行模式——在低负荷时为分层燃烧，在高负荷时为均匀燃烧。

1）分层燃烧

可燃混合物只分布在火花塞周围，即空燃比是 14.7∶1 的混合气集中在火花塞周围，在燃烧室的其他部分则是纯净的空气。混合气层的大小范围精确地反映了瞬时发动机动力的需求。在分层燃烧（图 11-2）时，直到压缩行程时才喷射燃油。油雾直接进入燃烧室中的空气，而喷油就发生在点火前瞬间。分层燃烧时 lambda 值达到 4，可见发动机在中、低速时是很节省燃油的。另外，分层燃烧在燃烧时空气层隔绝了热，减少了热量向气缸壁的传递，从而减少了热量损失，提升了发动机的热效率。

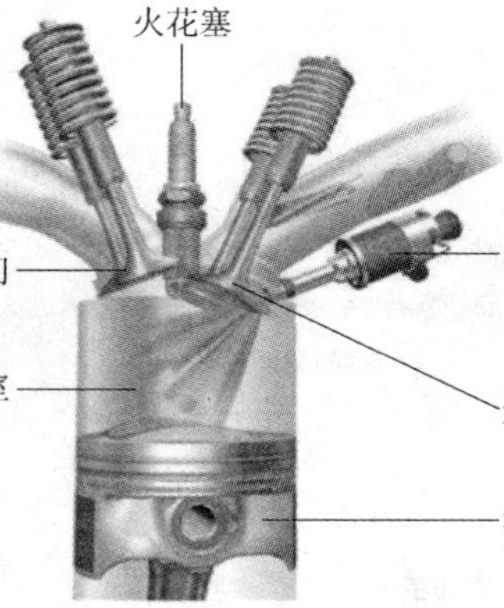


图 11-1　缸内直喷

2）均匀燃烧

在高负荷时，燃油喷射与进气同步，燃油得到完全雾化，使混合气均匀地充满燃烧室，自然会得到充分的燃烧，使发动机动力得到淋漓尽致地发挥。在均匀燃烧（图 11-3）时，直喷发动机有着和传统喷射发动机相同的空燃比，即空燃比为 14.7∶1，此时的 lambda 值是 1。由于燃油的蒸发会使混合气降温，因此减少了爆燃的产生。也就是说，在均匀燃烧的情况下，在获得高动力输出和转矩值的同时具有较低的燃油消耗。

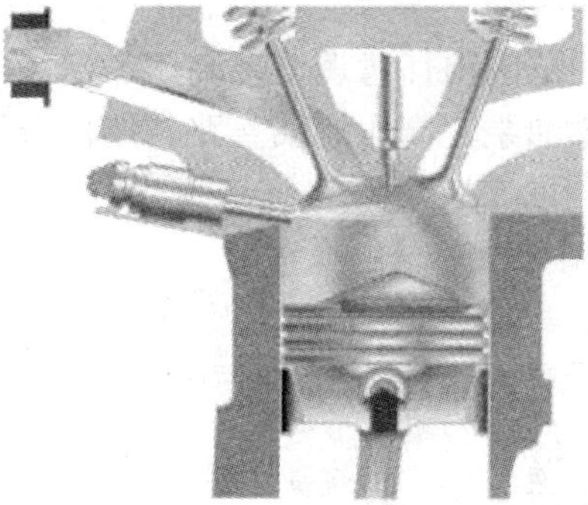

图 11-2　分层燃烧

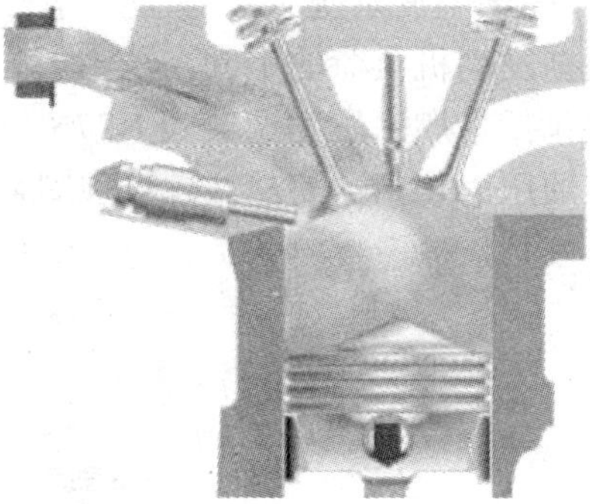

图 11-3　均匀燃烧

2. 系统组成

奥迪燃油供给系统（图 11-4）分为低压燃油系统（左侧）和高压燃油系统（右侧）两部分。燃油由低压油泵送往高压燃油泵，并由高压燃油泵将燃油压力提高到 12MPa 后送往燃油蓄压器，最后通过电磁高压涡流喷油器喷入气缸。当燃油压力传感器检测到燃油蓄压器的压力超过燃油压力的设定值时，ECU 命令装在燃油蓄压器上的燃油压力控制阀让多余的燃油泄流，以此实现燃油压力的闭环控制。

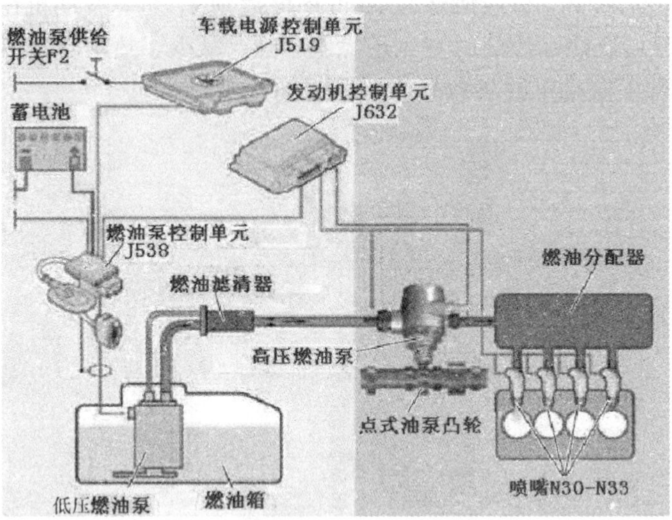


图 11-4　奥迪燃油供给系统

1）低压燃油系统

为调节燃油泵的输送率，燃油泵控制单元通过一个脉冲宽度调制（Pulse Width Modulation，PWM）信号调节供给电压。在此方式下，泵电压设定在 6V 和蓄电池电压之间。发动机 ECU 为燃油泵供给正确的泵电压信号。为此，来自发动机 ECU 的 PWM 信号传递到燃油泵控制单元。存储在发动机 ECU 的特征脉谱图确定泵的输送率。泵的输送率也会改变，此为泵电压的功能之一。低压燃油系统维持 0.4～0.6MPa 的恒压。

2）高压燃油系统

根据发动机负荷的不同，压力可在 3.5～10MPa 的范围内任意调节，高压燃油系统的主要部件包括带燃油压力调节阀 N276 和限压阀的高压燃油泵、高压燃油管路、燃油分配器管路、燃油压力传感器 G247、高压喷嘴 N30-N33，如图 11-5 所示。

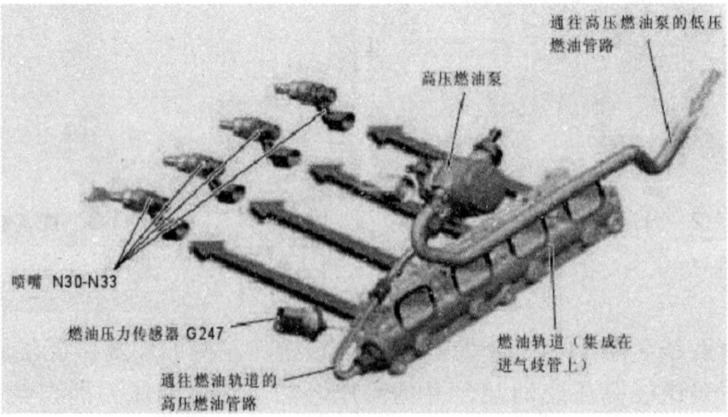


图 11-5　高压燃油系统的组成

3. 燃油系统的主要部件

1）高压燃油泵

第三代高压燃油泵如图 11-6 所示，其应用在 1.4L TFSI 发动机上。该泵具有较小的输油行程（3mm），集成在泵上的限压阀，不需要来自燃油分配器的回流管。

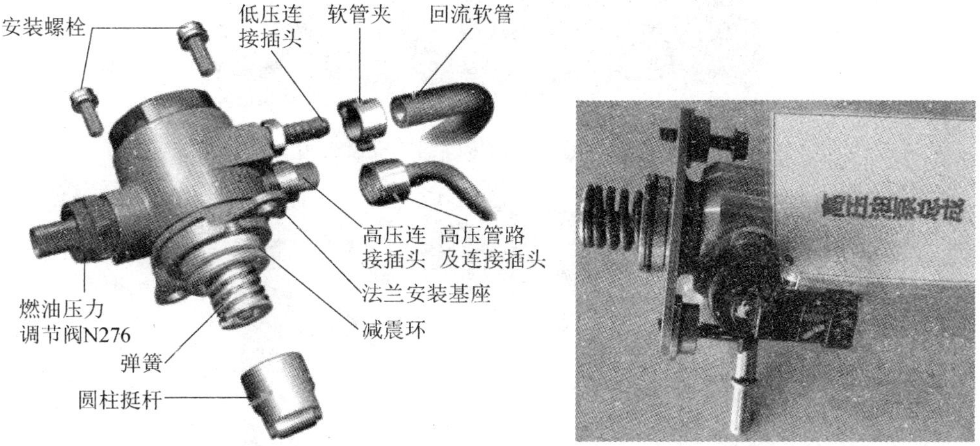


图 11-6　高压燃油泵

2）限压阀

限压阀（图 11-7）集成在高压燃油泵上，可以在受热膨胀或在功能故障时保护零部件不经受燃油的高压。这是一个弹簧按压阀，在燃油压力超 140MPa 时打开。当阀门打开时，燃油从高压端流入低压端。根据发动机负荷的不同，压力可在 3.5～10MPa 的范围内任意调节。

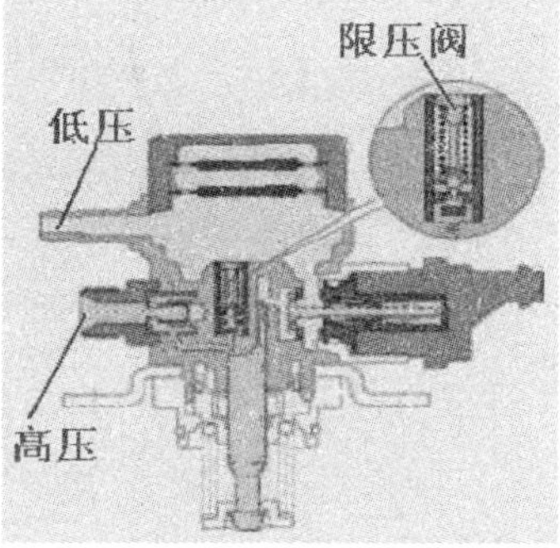


图 11-7　限压阀

3）燃油压力传感器 G247

燃油压力传感器 G247 安装高压油泵与燃油分配管之间（在进气歧管的底部），如图 11-8 所示。其用来测量高压燃油系统的燃油压力，并把信号传递到发动机 ECU。发动机 ECU 接收并分析此信号，再通过燃油压力调节阀调节燃油分配管的压力。如果燃油压力传感器探测到额定压力不用再调节，则在压缩过程中燃油压力调节阀会持续地触发并保持打开状态，使燃油压力下降到 500kPa。

信号故障的影响：如果燃油压力传感器发生故障，则在压缩过程中燃油压力调节阀会持续地触发并保持打开状态。从而，使燃油压力下降到 500kPa。因此，发动机转矩和功率急剧降低。

4）高压喷嘴 N30-N33

奥迪 1.4LTFSI 发动机采用六孔高压喷嘴（图 11-9）的结构，可在节气门全开时或在预热催化转化器阶段的双喷射过程中，避免油束覆盖整个活塞顶部。该结构使混合气的浓度更为合适，大大降低了 $NO_x$ 的排放量，减少了发动机冷却时机油中夹带的燃油。

图 11-8　燃油压力传感器的安装位置

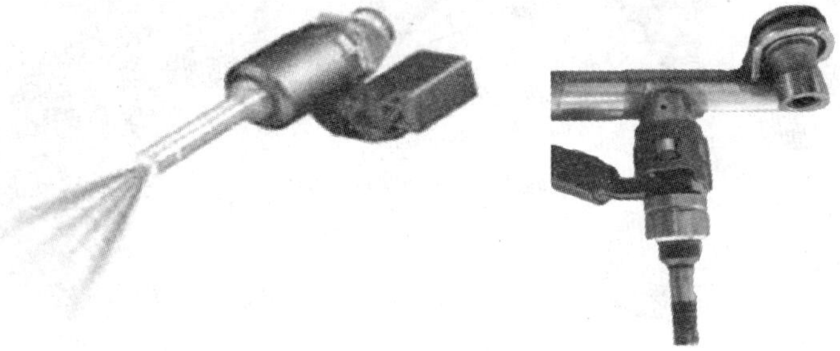

图 11-9　高压喷嘴

4. 燃油系统的工作过程

吸油行程：在整个吸油行程期间，燃油压力调节阀 N276 由发动机 ECU 控制通电。通过由此产生的电磁场，使进油阀克服弹簧力作用而打开，燃油泵活塞向下运动，这样，在泵腔内就产生了压差，燃油从低压侧流入泵腔，如图 11-10 所示。

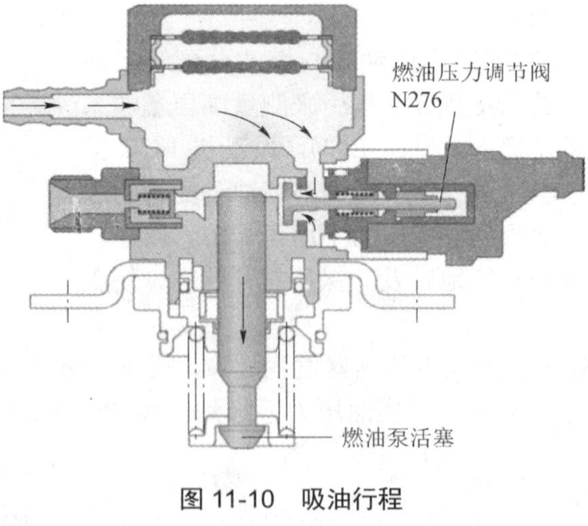


图 11-10　吸油行程

燃油回流：为了使供油量符合实际需求，即使在燃油泵活塞开始向上运动时，进油阀也要保持打开状态，使多余的燃油被燃油泵活塞压回低压区。此时，会产生相应的波动，波动通过集成在泵中的压力缓冲器和进油管中的一个节流阀予以抵消，如图 11-11 所示。

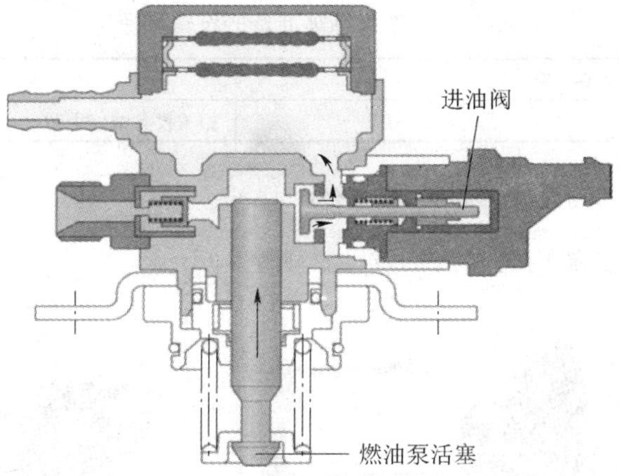


图 11-11　燃油回流

供油行程：在计算得出的供油行程开始时，将燃油压力调节阀断电。这样，在泵腔内上升的压力及阀门滚针弹簧弹簧力的作用下，进油阀被关闭。此时，燃油泵活塞向上运动，从而使泵腔内的压力逐渐上升。如果泵腔内的压力超过燃油分配器中的压力，则出油阀打开。燃油被泵压到燃油分配器，如图 11-12 所示。

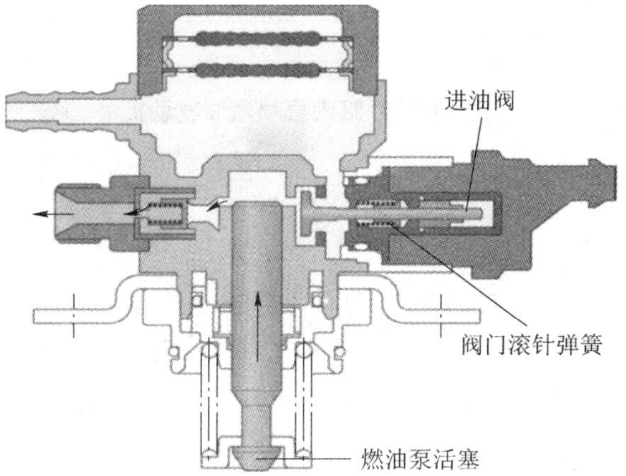


图 11-12　供油行程

## 技能训练

### 训练　缸内直喷系统主要部件的认识

1. 实操准备

本训练需准备的设备和资料如表 11-1 所示。

表 11-1　本训练需准备的设备和资料

| 设备准备 | 资料准备 |
|---|---|
| 缸内直喷汽油发动机 | 相关设备维修手册 |

2. 认识缸内直喷汽油发动机的主要部件

根据图 11-13 所示的缸内直喷汽油发动机填空。

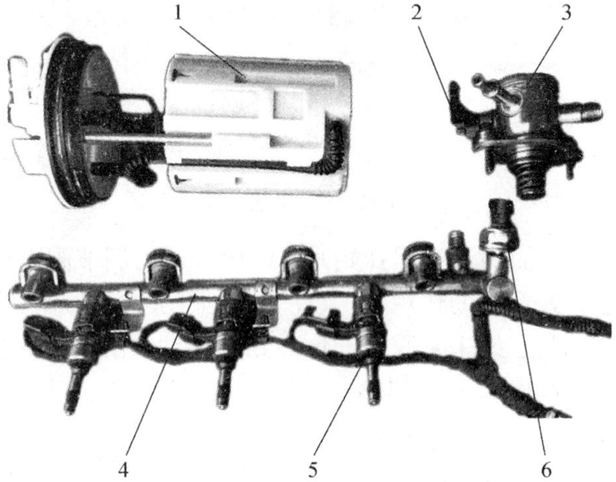


图 11-13　缸内直喷汽油发动机

指出上图中各个部件的名称：1. ________ 2. ________ 3. ________ 4. ________ 5. ________ 6. ________

3. 找实物

在缸内直喷汽油发动机实训台架（或实车）上找出各传感器、ECU、执行元件。

## 考核评价

1. 学生互检

小组内，学生互相考核与讨论，考核内容：实车上电控发动机各个零部件的的识别，看其是否清楚电控发动机的总体结构。

2. 教师抽查

由教师随机抽查部分学生，考核的内容：随机指出电控发动机的零部件，让学生迅速回答其名称，或说出零部件名称，让学生找出实物。看学生能否答出，并及时指出存在的问题。

## 课后练习

### 一、填空题

1．所谓缸内直喷就是指直接往________喷射汽油，进行燃烧。

2．根据发动机负荷，缸内直喷发动机的压力可在________MPa 的范围内任意调节。

3．奥迪燃油供给系统分为________燃油系统和________燃油系统两部分。

### 二、问答题

直喷发动机与传统缸外喷射发动机相比有什么优点？

# 模块 12　认识电控共轨柴油机

学习目标

1. 了解共轨柴油机的发展概况及优点；
2. 了解柴油机电控系统的组成；
3. 认识 CDI 共轨式柴油机电控燃油喷射系统主要部件。

## 12.1　电控共轨柴油机的基本认识

### 知识目标

1. 了解柴油机电控燃油喷射系统发展概况；
2. 了解电控柴油机的主要优点。

### 理论知识

1. 概述

随着世界各国城市交通运输车辆、船舶的急剧增加，柴油机排放的污染物已经成为对地球环境的主要污染源之一。世界各个国家已经开始寻找和采取有效的技术措施，主动地减少和控制污染物的排放。伴随着电子控制技术在柴油机上应用的日益增多，其控制精度不断提高，控制功能不断扩大，加上各种增压技术和废气再循环技术等在柴油机上应用的逐渐成熟，大大提高了柴油机发动机在小型轿车和轻型车上的应用。

为了适应更加严格的排放和能源法规的要求，改进柴油机燃油喷射系统是关键环节之一。将传统的机-液喷油系统改造为电子控制，即机-电或机-电-液一体化的喷油系统，进而实现以控制喷油系统为核心的柴油机整机综合控制与管理，可优化柴油机性能。

柴油机和汽油机的控制要素和控制要求有很大不同，汽油机主要是低压的进气支管内喷射或节气门口喷射，对喷射定时和喷油规律（喷油率）没有严格要求；柴油机是高压缸内喷射，要求在毫秒级的时间内完成喷油定时、喷油率、喷油压力与喷油量的精确控制。所以，要使对燃油喷入量、喷油时刻和油束的空间形态三方面的控制达到优于传统机械喷油系统的目的，其难度要比汽油机电控喷射大得多。

虽然柴油机电控技术的发展比汽油机电控技术滞后。但是，随着微型计算机技术、电子与传感器技术和汽油机电控技术的发展，尤其是高速强力电磁阀的研制成功，柴油机电控技术的一系列关键问题得到解决，使其迅速发展起来。

柴油机电控技术和汽油机电控技术从总体上说有类似之处，即各种机构的电控系统都由传感器、ECU 和执行元件所组成。但相对于汽油机电控系统，柴油机电控系统更加多样化。不同柴油电控系统的具体功能及对汽车性能的影响各不相同。

### 2. 柴油机电控燃油喷射系统的发展

柴油机电控技术的发展开始于 20 世纪 70 年代。从 20 世纪 80 年代中期开始的类似于汽油机发动机集中管理系统的电控柴油机开发成功，使柴油机的综合性能达到了一个新的高度。20 世纪 90 年代中期该技术进入了快速发展阶段。现在，柴油机控制电子化已成为支持柴油机技术进步的主要技术基础。

### 3. 电控柴油机的主要优点

电控柴油机的主要优点如下：

（1）改善了柴油机的经济性能和排放性能。柴油机在不同的发动机转速和不同负荷下均存在着最佳喷油始点（最佳喷油提前角），与机械式喷油提前装置相比，采用微机控制技术可使柴油机的燃油消耗率降低 5%以上，排放性能也可明显改善。

（2）提高了控制的灵活性。柴油机电控系统的最大特点之一是控制对策的灵活性。对于不同用途的柴油机，其控制对策往往不同。在出厂前的软件编程中已充分考虑了各种不同调速率的要求，控制盒上设有不同调速率的转换开关，用户可以根据柴油机的工作性质不同，设定不同的调速率，这样不仅增强了电子调速器的匹配适应能力，也大大方便了用户。

（3）提高了柴油机运行工况的控制精度。由于电控系统从接收到一个输入信号到处理完毕并输出相应的控制信号所需的时间一般为毫秒级，这个时间远远小于柴油机或其他机械控制机构的响应时间。因此，一旦柴油机及其系统的运行参数或状态稍微偏离目标值，电控系统就能立即进行跟踪并予以及时调节和控制，完成同步调速、无波动转速控制和燃油喷射控制。

（4）提高了柴油机的工作可靠性。由于电控系统可以很方便地扩展控制功能，为柴油机提供各项保护功能。当发动机运行参数或状态超出设定值的范围时，电控系统会立即发出提示警告，同时通过控制执行器进行相应的调节，直到这些参数或状态恢复正常为止。例如，当柴油机发生重大事故时，电控系统一方面可以控制燃油喷射系统迅速减油回复零位，同时也可通过控制电磁阀切断油路或关闭进气阀，使发动机迅速停车。

综上所述，电控技术在柴油机上的应用使柴油机在降低燃油消耗，减少有害物排放，提高控制灵活性和工作可靠性，以及操纵自动化等方面有很大的提高。随着柴油机电控技术的进步和控制功能的进一步拓展，电控柴油机的制造和使用成本将进一步降低，其将会在汽车上得到广泛的应用。

4. 柴油机电控技术的发展趋势

从当前柴油机电控技术的应用来看，高的喷射压力、独立的喷射压力控制、改善柴油机燃油经济性、独立的喷射正时控制、可变的预喷射控制力、最小油量的控制力、快速断油能力、降低驱动转矩冲击负荷是柴油机电控技术的发展趋势。

## 12.2 柴油机电控系统组成的认识

### 知识目标

了解柴油机电控系统的组成。

### 理论知识

柴油机电控系统和汽油机电控系统一样，都是由传感器、ECU 和执行元件三部分组成的。由于各车型的差异，因此柴油机电控系统在控制的对象、内容上有所不同，在具体要求及构成上也各有差异。其结构如图 12-1 所示。

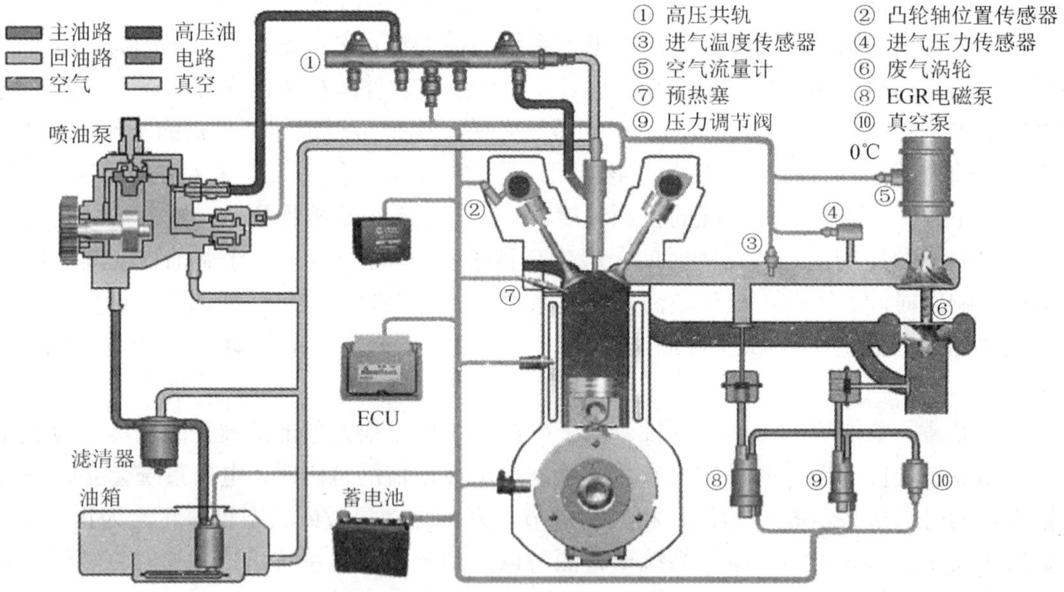


图 12-1 柴油机电控系统的结构

1. 传感器

传感器的主要功能是实时检测柴油机与汽车的运行状态，以及驾驶员的操作意向和操作量等信息，并将这些物理量转换成电量，再将这些电量输送到 ECU。柴油机电控系统所需传感器的功能大多与微机控制汽油机相同（温度传感器、进气歧管绝对压力传感等），少量为柴油机运行控制特有的专用传感器。

2. ECU

ECU 的核心部分是计算机，它与系统中设置的软件一起负责信息的采集、处理、计算和执行程序，并将运行结果作为控制指令输出给执行元件。ECU 工作的可靠性、控制程序和控制方法的科学合理性，直接关系到柴油机的经济性、动力性、环保性能和工作可靠性。

柴油机 ECU 的故障自诊断与带故障运行控制的内容与汽油机基本相同，当电控系统出现故障时，故障自诊断系统将发出对驾驶员的提示警告信息，存储故障信息以便维修人员检修时调用，电控系统进入带故障运行控制程序，使汽车仍能维持最基本的行驶功能，保证可以开到维修站进行检修。

3. 执行元件

执行元件的作用是按照 ECU 的控制指令，调节供油量和供油定时。

由于柴油机的混合气形成方式、着火方式等与汽油机完全不同，因此其与汽油机差异很大。特别是柴油机的燃油喷射系统，类型较多，不像汽油机那么单一，因此同样是微机控制的柴油机，由于燃油喷射系统的不同，所用的执行元件也有很大的差异。虽然电控柴油机的执行元件种类较多，但就其组成及执行电器而言与汽油机是相同的。大多数执行元件由执行电器和机械执行机构两部分组成，执行电器大多采用电磁铁、螺线管、直流电动机、步进电动机和力矩电动机等，机械执行机构的形式则由所要完成的具体控制功能和在柴油机上的布置决定。

## 12.3　共轨式柴油机电控燃油喷射系统主要部件的认识

### 知识目标

1. 知道博世的 CDI 共轨式柴油机电控燃油喷射系统组成；
2. 认识博世的 CDI 共轨式柴油机电控燃油喷射系统的主要部件。

### 理论知识

博世早在 1997 年就开发出了共轨式柴油机电控燃油喷射系统。这是柴油机工作方式的一次革命。共轨式柴油机电控系统的的工作原理与汽油机电控系统相似，首先利用各种传感器检测发动机工况，然后根据发动机 ECU 储存的程序控制柴油机喷油泵的喷油量、喷油时间、供油提前角、喷油率及其他执行元件。

本节以博世的 CDI 共轨式柴油机电控燃油喷射系统为例，介绍电控柴油机。

1. CDI 共轨式柴油机电控燃油喷射系统的组成及工作过程

CDI 共轨式柴油机电控燃油喷射系统主要由压力传感器、柴油冷却系统、储压总管（供油总管、共轨部件）、输油泵、喷油器（喷射器）、高压油泵等组成，如图 12-2 所示。

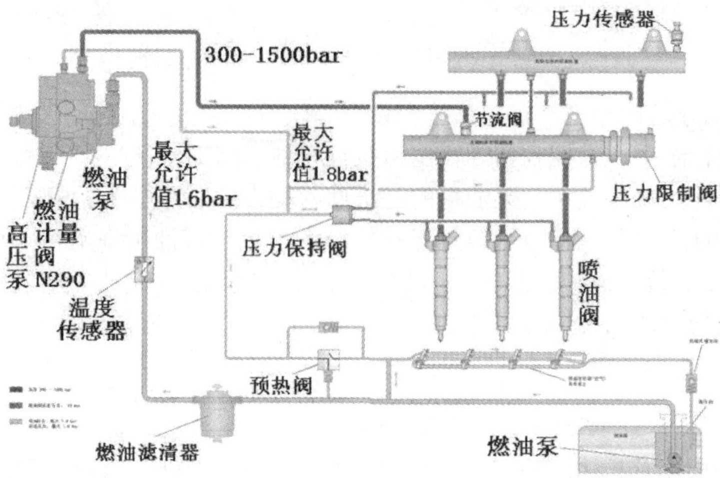


图 12-2　CDI 共轨式柴油机电控燃油喷射系统的组成

共轨式柴油机电控系统的工作原理与汽油机电控系统相似，即首先利用各种传感器检测发动机工况，然后根据发动机 ECU 储存的程序控制柴油机喷油泵的喷油量、喷油时间、供油提前角、喷油率及其他执行元件。

2. CDI 共轨式柴油机燃油喷射系统的主要部件及执行元件

1）高压油泵

高压油泵由驱动部分、空间夹角互为 120° 的柱塞式喷油泵、油量控制电磁阀、进出油管接头、回油管接头、泵体等组成。CDI 共轨式柴油机燃油喷射系统的高压油泵采用对称柱塞分配式喷油泵，三个柱塞夹角互为 120° ，如图 12-3 所示。

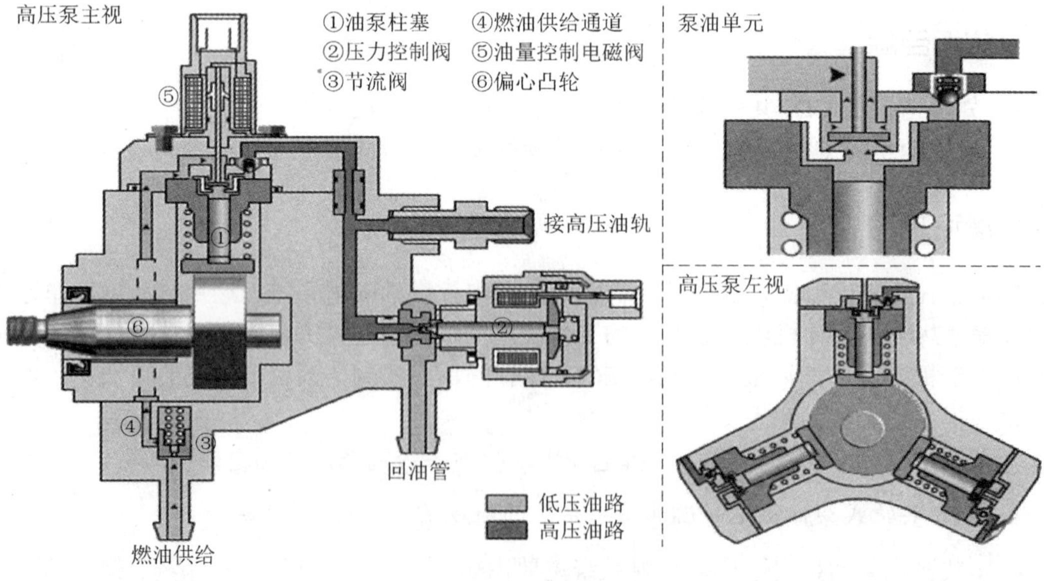


图 12-3　高压油泵

2）油压调节阀

发动机 ECU 通过控制油压调节阀的电流大小来控制高压油压力。油压调节阀通电的电流大小与产生的电磁力大小成线性关系。当电磁力和弹簧弹力小于油压时，油道被阀芯堵塞，不回油；当电磁力和弹簧弹力大于油压力时，阀芯左移，油道打开，回油。油压调节阀如图 12-4 所示。

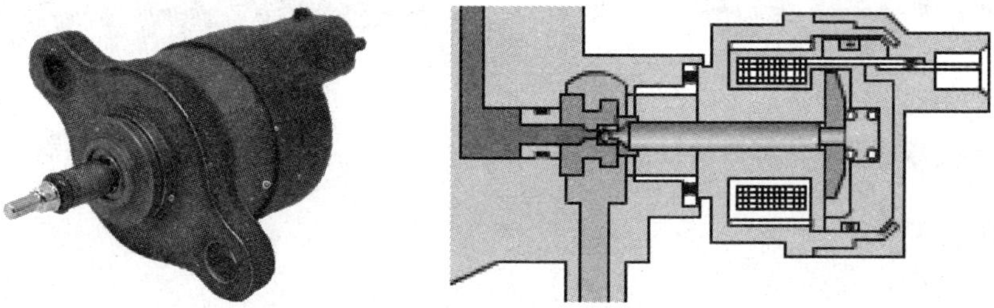

图 12-4　油压调节阀

3）喷油器

共轨系统常用电磁式喷油器，如图 12-5 所示。喷油器主要由针阀、喷油器体、电磁阀、进油管接头、回油管接头等组成。喷油器一般有六个直径为 0.15mm 的喷孔，喷油压力一般为 12～135MPa。电磁阀电压小于 80V，电流最大值为 20A（通电时间小于 0.3ms）。

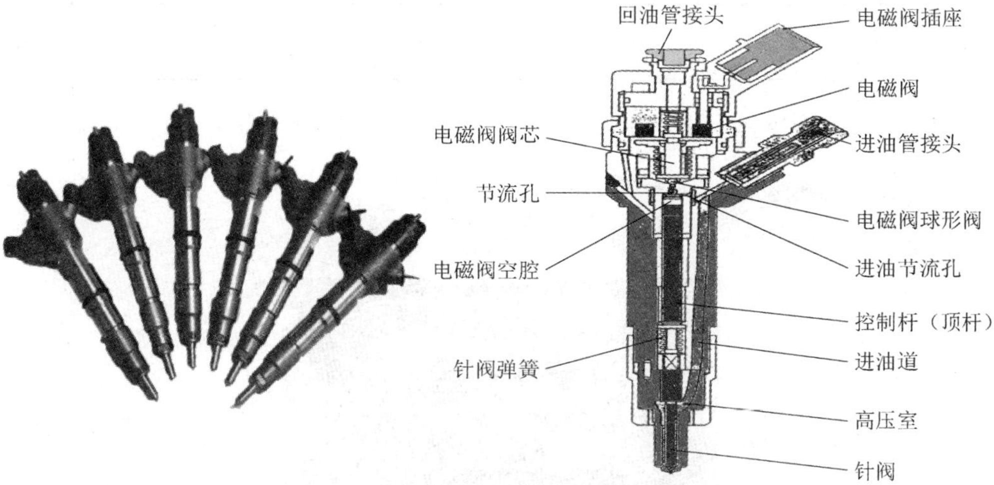


图 12-5　喷油器

4）燃油温度传感器

燃油温度传感器（图 12-6）采用 NTC（电阻 $R$ 与温度 $T$ 成反比）电阻原理制成，损坏后，无后备信号。此时，发动机功率下降。

5）油压传感器

油压传感器按压电原理实现将压力信号转换为电压信号输出给发动机 ECU，输出电压为 0.5～4.5V。在工作过程中，如果输出电压超过工作范围，说明油压传感器损坏，发动机 ECU 按备用程序进行调节。此时发动机喷油量减少，功率下降，如图 12-7 所示。

图 12-6 燃油温度传感器

图 12-7 油压传感器

## 技能训练

### 训练 1 CDI 共轨式柴油机电控燃油喷射系统主要部件的认识

1. 实操准备

本训练需准备的设备和资料如表 12-1 所示。

表 12-1 本训练需准备的设备和资料

| 设备准备 | 资料准备 |
| --- | --- |
| CDI 共轨式柴油发动机 | 相关设备维修手册 |

2. 认识 CDI 共轨式柴油发动机主要部件

CDI 共轨式柴油发动机实训台架如图 12-8 所示。

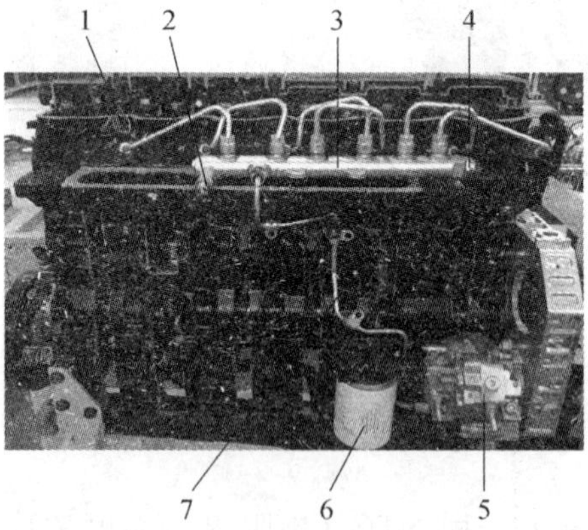


图 12-8 CDI 共轨式柴油发动机实训台架

对着图 12-8 完成下面填空。

指出上图中各个部件的名称：1. ________ 2. ________ 3. ________ 4. ________ 5. ________ 6. ________ 7. ________

3. 找实物，拔插实物，强化对共轨柴油机系统的认识

（1）在 CDI 共轨式柴油发动机实训台架上找出各传感器、ECU、执行元件。

（2）在 CDI 共轨式柴油发动机实训台架上拔插部分传感器、执行元件，让学生感受发动机的变化情况，从而更好地理解电控系统的基本组成与工作过程。

## 考核评价

1. 学生互检

小组内，学生互相考核与讨论，主要内容：对实车上电控发动机各个零部件的识别，看其是否清楚电控发动机的总体结构。

2. 教师抽查

由教师随机抽查部分学生，考核的内容：随机指出电控发动机的零部件，让学生迅速回答其名称，或说出零部件名称，让学生找出实物。看学生能否答出，并及时指出存在的问题。

## 课后练习

### 一、填空题

1．CDI 共轨式柴油机电控燃油喷射系统主要组成部件有________、柴油冷却系统、储压总管（供油总管、共轨部件）、输油泵、________、________等。

2．发动机 ECU 通过控制________的电流大小来控制高压油压力。

3．燃油温度传感器采用 NTC 电阻原理制成，其特性是随着温度的升高，电阻阻值________。

### 二、问答题

电控共轨柴油机与传统柴油机相比有哪些优点？

# 参考文献

[1]汤定国．汽车发动机构造与维修[M]．北京：人民交通出版社，2005．
[2]曹红兵．汽车发动机电控技术原理与维修[M]．北京：机械工业出版社，2008．
[3]张葵葵．电控发动机原理与检测技术[M]．北京：机械工业出版社，2007．
[4]赵振宁．电控发动机原理与检修[M]．北京：北京理工大学出版社，2008．
[5]仇雅莉．汽车发动机构造与维修[M]．3 版．北京：机械工业出版社，2014．
[6]吴宗保．汽车发动机电控系统维修实训[M]．北京：机械工业出版社，2009．
[7]徐家龙．柴油机电控喷油技术[M]．北京：人民交通出版社，2004．
[8]李春明．汽车发动机燃油喷射技术[M]．北京：北京理工大学出版社，2008．